广州市农村固定观察点调查系统研究专项（项目编号：GDGCDKTYJ 2015－02）

广州市农户家庭现金收入情况的调查研究

吴 晨 穆玉花 著

中国财经出版传媒集团

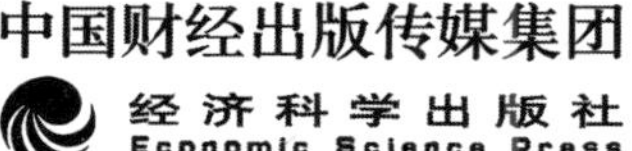

图书在版编目（CIP）数据

广州市农户家庭现金收入情况的调查研究/吴晨，穆玉花著．—北京：经济科学出版社，2017.6

ISBN 978－7－5141－8282－8

Ⅰ.①广…　Ⅱ.①吴…②穆…　Ⅲ.①农户－现金－家庭收入－调查研究－广州　Ⅳ.①F323.8

中国版本图书馆 CIP 数据核字（2017）第 171332 号

责任编辑：黎子民　赵泽蓬
责任校对：隗立娜
责任印制：邱　天

广州市农户家庭现金收入情况的调查研究
吴　晨　穆玉花　著
经济科学出版社出版、发行　新华书店经销
社址：北京市海淀区阜成路甲 28 号　邮编：100142
总编部电话：010－88191217　发行部电话：010－88191522
网址：www.esp.com.cn
电子邮件：esp@esp.com.cn
天猫网店：经济科学出版社旗舰店
网址：http://jjkxcbs.tmall.com
北京季蜂印刷有限公司印装
710×1000　16 开　6 印张　140000 字
2017 年 7 月第 1 版　2017 年 7 月第 1 次印刷
ISBN 978－7－5141－8282－8　定价：35.00 元
（图书出现印装问题，本社负责调换。电话：010－88191510）

课题组成员

主持人：吴　晨
参与人：穆玉花、曾　艳、倪雄飞、刘林翔

目　录

第 1 章

绪　论

1.1　选题背景及研究意义

1.1.1　选题背景

如何进一步加快促进农户家庭人均现金收入持续、快速增长，成为近年来各级党委和政府最为关注的难点问题。2012 年末，习近平总书记视察广东时，对广东未来几年内的发展提出殷切的期望，“广东要努力成为发展中国特色社会主义的排头兵、深化改革开放的先行地、探索科学发展的实验区，为率先全面建成小康社会、率先基本实现社会主义现代化而奋斗。”2014 年 12 月中旬习近平总书记在江苏调研时，首次提出“协调推进全面建成小康社会、全面深化改革、全面推进依法治国、全面从严治党，推动改革开放和社会主义现代化建设迈上新台阶”。“四个全面”战略目标的提出，明确指明了当前乃至今后一个时期，我们党和国家各项工作的关键环节、重点领域和主攻方向，其中“确保到 2020 年实现全面建成小康社会宏伟目标”中涉及三项重要的评价指标：人均国内生产总值、城镇居民家庭人均可支配收入和农村居民家庭人均纯收入。若考虑到通胀的因素，届时全国城镇居民家庭人均可支配收入和农村居民家庭人均纯收入数据分别会超出 38218 元和 11838 元。广州市作为我国经济最为发达的地区之一，届时城乡居民收入数据肯定要大大高于这两项全国同期的平均数据。农户家庭经营收入扣除生产性投入之后便是经营净收入，与工资性收入、财产性收入和转移性收入共同构成农民人均纯收入，因此，农户家庭获取的现金收入成为人均纯收入重要组织部分。自进入 21 世纪以来，国家加大推进城镇化进程，城镇人口逐年增多，截至2015年底，我国大陆乡村常住人口60346万人，占总人口比重43.90%，城镇常住人口77116万人，占总人口比重56.10%，乡村常住人口仍然占据着一定的比例。事实上，自改革放开以来，中国农村居民收入显著增长，但与此同时，农村居民收入分配却越来越不平等（万广华，1998）。

众所周知，收入差距扩大将产生多种不利影响：首先，根据边际消费倾向递减的假定，收入差距扩大将导致消费总量下降，这不但不利于扩大内需，还会影响整个国民经济的持续增长；其次，收入差距扩大会对社会公平正义提出严峻的挑战（陈林兴、黄祖辉，2014）。目前，中国仍有一半人口生活在农村地区，农村居民所存在的地区间收入差距是中国居民总体收入差距的重要构成部分；此外，农村市场还是中国近阶段扩大消费、减轻经济增长对出口和投资依赖的主要潜力之所在。

因此，深入开展农村居民家庭现金收入总量、结构及其增长趋势的研究，不断探索影响农村居民家庭现金收入增长的因素，逐步实现农村经济社会繁荣和村民生活水平的提升，进一步缩小城乡居民收入差距，有助于顺利推进“四个全面”战略目标如期顺利实现。因此，开展农村居民家庭现金收入的调查研究具有重要的现实背景。

1.1.2 研究意义

近年来，广州市全面贯彻落实中央和省制定的各项方针政策，经济社会发展取得了巨大成就。据统计，广州市国内生产总值（GDP）由2010年10604亿元（当年价）增长到2016年19611亿元（当年价），年均增长10.79%（当年价）；与此同时，广州市全年城市常住居民人均可支配收入由2010年30659元增长到2016年50941元，年平均增长8.83%；同期农村常住居民人均可支配收入由12676元增长到21449元，年平均增长9.16%。广州市城乡居民收入之比由2010年的2.42∶1逐步下降到2016年的2.37∶1。与此同时，全国城镇居民家庭人均可支配收入由2010年10109元增长到2016年31554元，年平均增长20.89%，同期农村常住居民人均可支配收入由2010年的5919元增长到2016年的11149元，年平均增长11.125%；全国城乡居民收入之比由2010年3.23∶1下降到2016年的2.83∶1。因此，从全国而言，城乡居民收入差距呈现出逐步缩小的良好态势。虽然2016年广州市农村居民人均可支配收入仍然高出全国同期平均水平10300元，但其年均增长速度却大大落后于全国同期平均水平，农村居民家庭人均可支配收入增长速度放缓，并且城乡居民收入差距呈现出被拉大的趋势。

广州市农户家庭现金收入增长情况如何，收入结构发生了哪些变化，影响农户家庭现金收入增长的因素体现在哪些方面，其影响程度如何，如何构建促进广州市农户家庭现金收入稳定增长的保障机制，等一系列问题依然存在。当前，我国经济增长速度放缓，因此，在“新常态”背景下加强对广州市农村居民家庭现金收入增长问题的研究，不仅有利于掌握广州市农户家庭现金收入增长及其变化趋势，更有利于政府相关支农惠农政策的适当调整与落地生根，进一步促进农户家庭现金收入持续增长，拉动农村消费市场、繁荣广州农村经济、逐步消除城乡二元经济发展差距，促进广州经济社会可持续发展，确保到“十三五”末期率先完成“全面建成小康社会”的宏伟目标。因此，本书具有重要的理论和现实意义。

1.2　国内外文献回顾

1.2.1　国外文献回顾

农民收入问题是一个古老而常新的话题，研究文献相对丰富，国外针对农民收入研究主要有两种思路。一种思路运用发展经济学和农业经济学的理论框架研究发展中国家经济增长，特别是农业部门与非农业部门增长与农民收入增长的关系。比如，李维斯（Lewis，1954）认为通过加速经济发展就可以有效促进农民收入水平的提高，因此，需要将生产要素逐步向非农业部门转移；普雷维什和辛格尔提出的“贸易条件恶化”认为工农产品价格存在着严重的剪刀差，从而引发农民收入增长缓慢；“连接环节论”的提出者赫希曼认为，应该集中资源优先促进对国民经济有较大带动作用的产业发展，若经济增长了，农业部门的劳动者才能提高生活水平；速水佑次郎和拉坦（2000）从农产品需求和效用的角度分析认为，由于以食品为主的农产品需求价格弹性较低，当一个国家进入高收入阶段后，在农产品供给增加时其价格呈下降趋势，需求变化相对滞后于供给变化，当农产品产量的增加不足以弥补价格下降的损失，从而引起农民收入下降，因此，西方国家坚持对农产品的强力干预政策，主要体现在对农民利益的保护上，确保农民收入的持续增加。另一种研究思路是在收入分配理论和制度分析的基础上，研究土地、资本和劳动要素以及农村和农业相关制度与农民收入增长的关系。如本杰明和布兰特（Benjamin & Brandt，1997）通过考察1930年以来中国农村的历史变迁，分析了影响农民收入增长的因素，发现土地和要素市场是中国农民收入增长的制约因素。克兰克（Klank，1997）针对波兰农民收入研究后发现，农民收入平等是偶然的现象，其结果受一些特定的社会、经济和政治的影响。因此，不仅需要从宏观层面出台促进经济增长的政策措施，从而促进贫困减少（Chirwa，2005），而且更需要从微观层面提高农民的生产力和产量，确保农民收入增长（Norma，1975；Ajbefun，2000b；Ajibefun，2002；Ater，2003）。

美国联邦中央政府的农民收入政策是三个因素变动相互作用的结果。其一是土地、人口和气候等自然因素，其二是市场因素，其三是政治因素。美国的农民收入政策发展，大抵可分作两大阶段：20世纪20年代以前，美国政府对农产品市场基本采取自由放任不干预的政策，但通过对经济基础的投资，促进农业的发展，确保农民收入的持续增长；自21世纪以来，美国政府通过财政补贴等手段，直接干预农产品市场，保证农民收入的稳定。

西方发达国家关于农业政策、农民收入和农业历史的研究主要集中在这样四个方面，一是农本和重农主义方面的研究，突出农业发展战略与国家发展战略的互动关系研究，强调农业发展、确保农民收入稳定是国家发展中不可或缺的方面，必须高度重视，他们认为，农业发展、农民收入不仅是经济问题，而且关乎国家的统一和稳定，必须给予高度关注，提供充足的财政补贴；二是注重区域农业政策和具体农业制度的研究，为农业发展、农民收入增加创造和谐的环境；三是注重农业管理、农业机构、土地制度、农业立法、农业合作、农业推广、农业具体报酬等方面的研究；四是关注乡村文化、乡村发展、乡村社会结构、乡村人口变化、乡村教育、乡村卫生、农村社会保障、农民心理及宗教信仰等问题的系统研究（王明思，2004）。

此外，针对特定国家或地区的农民收入增长研究成果主要有：思明和本杰明（Simon & Benjamin，2011）结合尼日利亚地区的调查数据，研究农业生产效率与农民收入增长两者之间的相互关系，得到技术效率比资源配置效率更差，因此，应降低提升技术效率方面的成本，改善农业收入和非农收入；比格斯坦等（Bigsten et al.，2003）和阿麻鲁（Amalu，2005）结合对半干旱地区的津巴布韦贫困农民调查数据所做的研究，得到的结果是，扶贫的关键在于提高经济效率，然而经济增长是必要的，但不足以减少贫困；而萨洼达（Sawada，2006）针对菲律宾的研究中得到非转移性收入和转移性收入可以显著地减少农民贫困，相对于非转移性收入而言，转移性收入所起的作用较大。安德·罗音和萨宾霍曼－绮（Andre·Rooyen & Sabine Homann－Kee Tui）针对南非津巴布韦山羊养殖农户的研究表明，要想提高山羊养殖农户的收入，必须做好两件事：其一，提升农户山羊养殖技术，不断提高山羊产量；其二，完善市场体系建设，降低交易成本。此外，复查卡瓦斯瓦等（Fuchaka Waswa et al.，2012）研究了肯尼亚维多利亚湖盆地甘蔗种植地区农民收入增长与环境之间的相互关系，由于农户甘蔗种植业中60%以上的利润主要由制糖企业所控制，因此，要想实现农民收入可持续增长任重道远。

1.2.2　国内文献回顾

农民收入增长问题是当前乃至今后很长一段时期我国经济发展和社会稳定所迫切需要解决的重要问题。针对这一领域的研究，已经积累了丰富的文献资料，研究视角主要基于农户土地经营规模、农村产业结构、劳动力素质、劳动力转移、农产品价格、农村制度安排等；研究方法既有规范性的理论分析，也有实证性的定量分析；研究对象涉及全国和相关省份的农户调查数据。具体可概括为：

1.2.2.1　我国农民收入影响因素研究

（1）资源禀赋与农民收入增长的关系。王雅鹏、郭犹焕（2001）从资源禀赋的角度出发，阐述了在同样的社会经济环境条件下，农民收入的高低主要依靠占有土地和劳动力的多少决定；陈艳（2001）通过实证研究得到，农民受教育水平不高制约其收入增长；庾德昌（1991）、农业部农村固定观察点办公室（1997）、白菊红、袁飞（2003）、严善平（2005）、王敏娟（2008）研究表明农民个人自身人力资本属性影响农户家庭收入增长；郭正模（2001）和韦鸿等（2003）研究发现农户家庭生产要素资源占有量，尤其是农户家庭耕地数量不足影响收入。

（2）农业发展对农民收入的影响。朱玲（1991）、庾德昌（1991）认为20世纪80年代以来产业结构调整，尤其非农产业的快速发展是导致农户家庭收入总量增长的决定因素之一；因此，积极调整农业生产结构，实现农业产业化经营是农民增收的根本出路（邵宗明等，2000）；曹昆（2012）结合农户调查的微观数据，分析得到农产品价格对城镇人均收入的弹性为1.63，而对农村人均收入的弹性为0.93。

（3）农村基础设施落后导致农民收入增长缓慢。林毅夫（2001）、李文（2003）将制约农户收入增长的因素归结为农村基础设施滞后，认为加强农村基础设施建设和科技创新是增加农户收入的重要途径；杜玉红、黄小舟（2006）的研究表明，支援农业生产支出、农村救济费成为农民增收的有利因素，而农业基本建设投资则阻碍农民收入增加，因此，加快推进农村城镇化建设促进农民收入增长（陈锡文，2003）。

（4）农村和农业相关制度约束着农民收入增长。陈锡文（2001）、阳俊雄（2001）、李文（2003，2006）则认为农村劳动力转移是农户收入增长的重要途径；陆学艺（2000）、张晓山，崔红志（2001）和张英红（2002）认为“城乡分治”、收入分配制度等歧视性政策，抑制了农民从事农业生产的积极性，从而造成农户家庭收入增长缓慢；周其仁（2001）则从产权的角度认为，影响产权界定明晰的一系列制度因素才是阻碍农户收入增长的基本因素，因此增加农户收入应从加强产权明晰开始；农民权力不完整影响农民收入增长（杜旭宇，2003）。陶然、刘明兴、章奇（2003）认为，20世纪90年代后农户的税费负担占农户收入的比例并不像想象的明显，农村收入差距的扩大以及农村税费征收比率的累退性才是农村税费问题日益严重的关键，由此可以解释农村税费改革的相对失效；中国想解决农民收入增长的问题，必须保障农民的权利（党国英，2002），必须给农民全面的国民待遇（迟福林，2003）。钟甫宁、何军（2007）认为政府应当把工作重心放在扩大就业，创造更多的非农就业机会，逐步消除劳动力转移的各种制度性障碍。

（5）农民组织化程度影响农民收入增长。张晓山（2003）认为，目前我国正处于经济转型期，地区间以及不同群体之间的收入差距不断加大，农民作为弱势群体急需要像合作社这样的组织来保障他们的利益。农民由于其组织化程度较低，致使他们在农业生产资料的购买、农产品的销售以及市场信息的获取等诸方面都处于弱势地位，缺乏话语权。因此，农民作为弱势群体要想提高自身在市场上的谈判地位，提高农民的组织化程度是必然的措施。罗建军（2005）认为，现阶段我国农民的组织化程度低，主要体现在三个方面：一是分散的农户土地经营规模较小，且地块零散，限制了生产要素的合理配置；二是分散的农户无力改善农业基础设施和进行农业技术改造，集体组织的弱化难以将分散的资金和劳动力集中起来；三是分散农户经营意味着农村市场上农户个体的农产品供给量较小，农民在不对称的价格关系中利益遭受损失。吴启龙等（2008）也认为，在家庭联产承包责任制下分散的农户市场竞争力不强，抗风险的能力也较差，农民的组织化程度低已经成为影响农民增收的主要障碍。

此外，常明明（2014）基于历史计量的分析方法对 20 世纪 50 年代前期农户收支结构进行了较全面的比较分析，由于当时特定的历史时期，农村劳动生产率较低，农产品的出售收入是农户现金收入的最大来源，该项研究有利于探究我国农户家庭收入结构的历史演变规律。

1.2.2.2 农民收入增长的政策研究

农业部农村固定观察点办公室（1997）、陈吉元（1998）较早地探讨了农户收入增长的体制性因素问题；吴敬琏（2002）研究指出，实现大量农村剩余劳动力向非农产业转移，林毅夫（2003）研究认为政府应加大财政对农业支出的投入力度来促进农民收入增长；政府必须“多给予、少取、放活”（王乃学，2004）；祁永忠（2009）以全国农民收入增长情况为例，采用实证分析的研究方法，得到制约农民收入增长的因素主要是制度性因素，所以应主要从体制方面着手，从体制方面直接或间接地为农民增收提供制度条件。制度改革主要着眼于完善土地制度、改革户籍制度、创新农村金融支持体系、改革和完善财政税收体制、调整农产品流通体制等。

1.2.2.3 促进农民收入增长的研究

在分析了制约农民收入增加的因素后，许多学者提出了提高农民收入的对策，主要有：第一，从制度层面改革完善现有制度，明晰土地承包权处置权，完善土地征用制度；循序渐进的改革现有户籍制度，逐步改变城乡二元户籍制度；加大农村金融机构对农村、农业、农民的支持力度；增加财政对三农的投入，改善支农资金的使用结构，提高支农资金的使用效率（宋兴伟，2007）。第二，提高农业产业化程度，采取各项措施保障农产品价格稳中有升。农业产业化的内涵是以市场为导向，以效益为中心，以企业为龙头，以基地为依托，实行区域化布局、专业化生产、企业化管理、社会化服务。产供销贸工农一体化经营的社会化大生产组织形式、经营方式、运行机制和生产方式适应了农业生产力进步的要求。其基本特征是市场化、规模化、集约化、社会化和产业化经营。政府要准确定位并正确行使职能。要由单纯的下达指标、发布命令向以引导和服务为主转变（温铁军，1999）。第三，调整农业生产结构，大力发展优质高效农业。当前我国农业进入了一个新的发展阶段，对农业的结构进行战略性调整是这个阶段的主要任务。由于现阶段农业生产收入仍是农民收入的主体，所以合理的农业结构，对提高农民收入至关重要。调整和优化农业生产结构必须提倡因地制宜，讲质量、讲品牌、讲效益。第四，依靠科技进步，降低农业生产成本。在当前农民增收困难的情况下，降低生产成本，减少农民的支出，是农民增收的重要途径。目前，由于农业技术水平相对落后，我国农业资源的利用率远远低于发达国家，特别是在用水、用肥、用电、用油、用地等方面，缺乏科学指导，浪费比较严重。降低成本，增加效益有巨大的潜力，应当把节本增效作为增加农民收入的一项重要措施来抓。第五，重视农民教育问题，大力提高农民素质。提高农民素质已刻不容缓，我们必须从战略的高度采取切实可行的措施，加紧培养一支适应新形势、适应农业产业化发展要求的农民队伍。当然，提高农民素质是一项长期系统的工程，不可能一蹴而就。加强对农民的教育和培训，普及农村义务教育，重点加强职业技术教育和成人教育，帮助农民提高劳动技能，进一步提高农民的素质。

1.2.3 农户家庭现金收入增长情况问题研究评述

纵观国内外已有的相关研究构成本项研究的基础，并对本课题进一步研究具有积极的借鉴意义。然而综合上述文献后发现几个特点：一是研究方法主要以定性研究为主，缺乏较严格的计量模型测算及其检验；二是研究手段局限于采用时序资料，缺乏系统的截面数据作支撑；三是范围局限于农户或农业内部诸因素，而对影响农户收入增长的自然资源、区位条件、制度资源等因素考虑较少；四是缺乏针对广州市农户家庭现金收入增长情况的专门性研究。因此，本书将在前人研究的基础上，结合对广州市农村固定观测点农户家庭现金收入增长及其变化情况的历史统计数据，以实证分析的方法，分析广州市农户家庭现金收入增长趋势和结构演变，探究影响广州市农户家庭现金收入增长的制约因素，旨在为政府出台更加有针对性的政策措施，确保农户家庭收入稳定增长的同时，逐步缩小城乡居民收入差距，着力推进广州“三农”问题的顺利解决，为在“十三五”期间率先完成广州市全面建成小康社会的宏观目标提供理论依据和实践方向。

1.3 研究方法和数据来源

1.3.1 研究方法

（1）文献研究法。通过查阅近年来国内外涉及农户家庭现金收入增长的相关文献资料，全面了解、掌握有关农户家庭现金收入增长及影响因素所取得的最新成果和研究进展，并以此为基础，希望通过实地调查与理性分析，逐步构建起有针对性的促进广州市农户家庭现金收入稳定增长的保障体制。

（2）问卷调查法。第一，要充分利用好广州市农村固定观测点的历史统计数据，加强对广州市农户家庭现金收入情况的调查。分别在花都、从化、增城、白云、萝岗、番禺、南沙7区（市）针对农户家庭现金收入情况的调查，了解农户家庭现金收入增长趋势及其结构演变。第二，加强对广州市农村集体经济组织的调查，掌握农村集体经济组织运作模式及收入分配情况，分析农村集体经济组织在帮助农户家庭现金收入增长方面的贡献度。第三，加强对广州市政府出台的一系列惠农政策实施后相关问题的调查，旨在了解政府惠农政策对农户家庭现金收入增长情况的贡献度。

与此同时，为了更全面地掌握广州农户家庭现金收入结构及其增长的影响因素，课题组还分别查阅了北京、上海和天津3市农村居民家庭现金收入（纯收入）的历史统计数据（2009～2014），希望通过4个市农村居民家庭人均纯收入增长的历史数据构建相应的面板数据计量模型，分析影响农户家庭人均纯收入增长的因素，从而为更好地促进农户家庭现金收入增长制定有针对性的对策措施。

（3）实证分析和规范分析相结合的方法。本书针对农户家庭现金收入增长及制约因素的分析属于实证分析，而在此基础上应用新制度经济学、区域经济学、人力资本理论、收入分配理论、要素分配理论、政府经济学等理论提出构建广州市农户家庭现金收入增长的保障体系和对策建议属于规范性分析。

1.3.2　数据来源

本书涉及的数据主要来源于对广州市管辖的白云、番禺、花都、南沙、萝岗、增城和从化7个区（市）的农户家庭调查，数据调查时间为2009～2014年，其中，白云区调查了2个自然村，番禺区调查了3个自然村，花都区调查3个自然村，南沙区调查1个村，萝岗区调查2个自然村，增城市调查3个自然村，从化市调查2个自然村，共计16个自然村，而且5年间除各村人口自然增减变化外，调查基本保持不变，大致涉及总人口1800人左右和400个左右的农户家庭。

此外，为了更加全面掌握广州市农户家庭现金收入及其在全国同类城市中的地位及其增长情况，为此，我们还分别查阅北京、天津、上海和广东省涉及家庭现金收入情况的统计资料，时间跨度为 2009 ~ 2014 年，以便于更好地作详细的对比分析。

1.4 研究思路

本书拟从分析广州市农户家庭现金收入增长情况典型调查为研究主题，以新制度经济学、区域经济学、人力资本理论、收入分配理论、要素分配理论、政府经济学等理论为指导，采取“发现问题—理论分析与政策解读—构建理论框架—实证分析—解决问题”的思路，研究如何在转型时期加快构建广州市农户家庭现金收入增长的保障机制。

首先，围绕家庭现金收入增长及结构演变趋势设计相应的调查问卷，针对广州市农户家庭、农村集体经济组织、村民委员会等不同行为主体分别设计相应的调查问卷，并开展相应的市场调研，从不同行为主体收集涉及农户家庭现金收入增长情况的相关数据；其次，针对调查问卷所发现的问题进行专项研究；最后，立足从政府、村委员和农户家庭等多维度视角探讨如何进一步完善和构建促进广州市农户家庭现金收入稳定增长的保障体系。

1.5 可能的创新点

1.5.1 研究理论

本书注重从广州市农户家庭现金收入增长及其演变趋势开展研究，针对所构建模型的计量结果，立足从政府、村集体经济组织和农户自身特征等多维度视角探讨如何进一步促进农村居民家庭人均纯收入和农户家庭现金收入增长的保障体系，这是本书的创新点。

1.5.2 研究数据

为了深入研究广州市农户家庭现金收入增长及其差异问题，笔者除了收集广州市农村固定观测点的数据外，还进行了实地调研。调研地区为花都、白云、番禺、从化、增城和南沙等广州市传统的农业生产大县（区），与农户座谈，目的就是为了增加对农户家庭现金收入增长及差异性的感性认识。调研内容涉及村级调查和农户家庭调查两个方面，其中农户调查的内容包括农户家庭规模、劳动力数量和质量、耕地面积、种植业结构、家庭投资结构、家庭收入结构等。实地调研获得的一手数据为深入研究广州市农户家庭现金收入及差异的影响因素奠定了坚实的基础。

此外，为了更全面的分析影响广州农户家庭现金收增长的因素，笔者还收集与广州市发展进程相似的北京、上海两市，收集涉及农民人均可支配收入相关的统计数据，最终为构建北京、上海、广州三市农民收入增长影响因素分析的动态计量模型提供了比较丰富的数据支撑。

1.5.3 研究方法

构建面板数据模型（panel data）分析方法，结合 2008 ~ 2014 年北京、上海、天津和广州 4 市历史统计资料，分别从经济增长率（%）、城镇化率（%）、财政支农支出增长率（%）和农民受教育水平（年）4 个重要的解释变量构建农民现金收入增长率（%）的面板数据模型，最终得到影响农民现金收入增长的核心因素，并对研究假说做出相应的检验，这是本书的又一创新点。

1.5.4 研究结论

本书进行定量分析的数据主要来自笔者对广州市五个区的实地调研，以及结合北京和上海两市农民收入增长的统计数据，结合所构建的农民收入增长因素分析的计量模型，因此本书最终得出的研究结论及政策建议具有更强的针对性和实践性。

1.6 本书的不足

本书主要存在以下三方面的不足：

一是由于统计口径的变化，有关统计资料缺失部分数据，使得本书的研究数据有些地方缺乏完整性。

二是在样本点的选取以及样本的数量上受到人力、物力和其他方面的限制，因此获得的一手研究数据代表的范围有一定的局限性。

三是由于调研数据涉及农民收入，在调研中由于观念等原因而使得数据存在一定的误差，尤其是北京、上海和广州市统计年鉴涉及农民收入均指农民可支配收入，因而农户家庭现金收入与农民可支配收入之间存在一定的差异，这也使得所构建的计量模型得出的结果与预计存在一定程度的偏差。

第 2 章

概念界定和理论基础

2.1 主要概念

2.1.1 农户

农户（农民），对应的英语词语有 peasantry，中文多指农村以种植业、畜牧养殖业为生社会人群集合，也可以泛指农村劳动力（人力资源）；farmer 一般作“农场工人”（包括农场主），属于一种职业；peasant 指贫苦农民。农户指中国农村地区以农业、林业、渔业或畜牧业（自然经济）为主的家庭。农户是人类进入农业社会以来最基本的经济组织，它的本质特征是以家庭契约关系为基础，家庭与农业生产相互作用。作为一种经济组织，农户是指家庭拥有剩余控制权，并且主要依靠家庭劳动力从事农业生产的一种组织形式。一般在谈到亚洲国家（包括日本）时使用“农户”，而在谈到欧美国家时使用“家庭农场”（尤小文，1999）。国内外学者针对农户的研究得到两个结论：其一，农户以家庭为基础；其二，个体农户与家庭农场的异同。随着工业化和城镇化进程的加快推进，目前我国农户出现明显的分化现象，农户家庭从事农业生产的比例越来越低，一部分农户变成城市居民，另一部分则成为现代农业下的新农户，或继续从事与农业生产相关的活动，但更多的农户从农业生产领域中分离出来从事第一产业加工和销售以及第二、第三产业相关的经济活动，而且这种趋势越来越明显。

2.1.2 农民纯收入

农民收入是一个比较笼统的概念，其中包含了农户家庭收入和农民人均收入以及总收入和纯收入等内容。农户家庭收入和农民人均收入分别是以农户家庭和农民个人为单位计算的农民收入指标。总收入是指一定时期内农民从各种渠道得到的收入总和。

纯收入是指农民的总收入扣除生产经营成本支出、税金和应交的承包费用以后剩余的可直接用于进行建设投资、生活消费和积蓄的那一部分收入。在统计中纯收入与经营费用支出、固定资产折旧以及税费支出之和等于总收入。按照农村常住人口和纯收入统计出来的年度农民人均纯收入指标，可以较客观的反映一个时期限一个地区农民收入的平均水平。

2.1.3 农民可支配收入

根据国家统计局制定的农村住户调查方案，农村居民可支配收入是指农村住户获得的经过初次分配与再分配后的收入。可支配收入可用于住户的最终消费、非义务必支出以及储蓄。计算方法为：农村住户可支配收入 = 农村住户总收入 − 家庭经营费用支出 − 税费支出 − 生产性固定资产折旧 − 财产性去出 − 转移性支出 − 调查补贴。

随着社会生产力水平的不断提升，特别是农业生产经营方式以及农业生产组织模式的逐步演变，农户家庭农场等新型经营主体的大量形成，农业生产固定资产投入增多，生产性固定资产折旧增加，并附加上交一定的税费。因此，农民收入逐步演变成现金的可支配民收入。自 2013 年起，《中华人民共和国 2013 年国民经济和社会发展统计公报》在核算农民收入时将原先的农民人均纯收入修改为农民可支配收入这个重要的概念。

2.1.4 农户家庭现金收入及其结构

若按收入的形态划分，农民总收入分为实物收入和现金收入，现金收入指农村住户和住户成员得到的以现金形态表现的收入。伴随市场经济的不断发展，农户家庭参与社会分工的程度日益加强，农户家庭的现金收入占据总收入的绝对份额；若按收入来源的性质划分，农户家庭总收入又可分为：家庭经营收入、工资性收入、财产性收入和转移性收入。其中：

（1）家庭经营收入，包括农村住房以家庭为生产经营单位组织生产所得到的收入。家庭经营收入中包含农业、牧业、渔业、林业、纺织业、建筑业、餐饮业、零售贸易业、批发业、交通运输和其他社会服务业。

（2）工资性收入。指农民受雇于单位或个人，靠出卖劳动而获得的收入，其中包含在非企业组织中的收入、在本地企业劳动中的收入和外出劳工收入以及其他单位的劳动所得。

（3）财产性收入。指拥金融资产或有形非生产性资产的农村住户向其他机构单位提供资金或将有形非生产性资产供其支配，作为回报而从中获得的收入。如利息、股息、红利、土地征用补偿等。

（4）转移性收入。指农民无须付出任何对应物而获得的收入，其中有家庭非常住人口带回、寄回及亲友赠送的钱款、救济金、救灾款、养老金、赡养费、退休金、扶贫救灾和领取抚恤救济金等收入。

根据《中国统计年鉴》和《广东省统计年鉴》公布的统计数据资料表明，自 2006 年 1 月 1 日在国家全面废除《农业税》之后，农户家庭经营收入扣除生产性投入之后即为家庭经营净收入，而工资性收入、财产性收入和转移性收入基本上即为各项的净收入，因此，上述 4 项之和即为农户家庭现金收入，也称农户家庭可支配收入。

2.2　理论基础

2.2.1　农户经济行为理论

早期的农户经济行为研究主要遵循两大理论流派：“劳动消费均衡理论”和“利润最大化理论”，其后的理论和学说则以上述两大理论为基础，并从不同的角度对其展开相应的批判、继承和补充，从而形成新的理论学说（郑杭生，汪雁，2005）。“劳动消费均衡”理论强调农户经济行为组织具有“家庭劳动农场”性质，农民经济活动的动机不同于企业主（恰亚诺夫，1925），强调小农农场与资本主义雇佣关系之间的区别，即小农农场有一定数量的土地可以利用，较少或不雇佣劳动力，有时不得不将其部分劳动力用于非农经济活动。“利润最大化”理论的基本观点是传统社会的农民与现代资本主义社会的农场主，都遵循“利润最大化”原则（舒尔茨，1964），但传统农业的典型特征是“贫困而有效率”，农民是理性的个人或家庭福利的最大化者（波普金，1979），并且证明了“在传统农业中，生产要素配置效率低下的情况是比较少见的”，“生存伦理”和“安全第一”才是农民社会行动的基本原则（斯科特，1968）。

2.2.2　农业保护主义理论

农业保护是一个世界性的课题，是世界大多数国家在经济发展到一定阶段实施宏观调控、确保国民经济稳定发展的重要手段和政策措施。这不仅因为农业是国民经济的基础，以及这种基础作用已为大多数国家的经济发展历程所证明；而且因为农业是一个自然再生产和经济再生产交织的过程，农业生产活动一方面依赖于人力、资金、技术等要素的投入；另一方面直接受到自然条件的影响，这使得农业必然，而且始终承担着自然风险。农业生产自然要素的有限性，地理位置的固定性，使得农业生产要素的流动和配置受到极大的限制（张忠法，李文，1996）。在市场经济条件下，由于农业本身的特点，与其他产业相比，农业存在着很多不利的因素：（1）农产品需求弹性小，可替代性低；（2）农业生产需要的固定资产多，利用率低，生产周期长，资金周转慢，技术进步滞后，因而投资于农业往往得不到平均利润；（3）农产品量大值低易腐烂，相对运费高，储存损耗大，集中经营极易形成垄断，分散经营又难以与其他经营者抗衡，从而农业在交换中往往处于极为不利的地位。正是鉴于农业的基础地位和农业所承受的风险，世界大多数国家都对农业给予支持和保护。虽然各国的具体情况不同，保护的程度、重点、具体政策措施和手段不同，但对农业实施必要的保护则是一个比较普遍的做法（张忠法，李文，1996）。

拉坦和速水佑次郎认为，获得持续生产率增长涉及初始资源禀赋和积累的动态调整过程。当一个国家进入高收入阶段后，由于食品需求价格弹性较低，需求变化对供给变化滞后导致农产品价格和农民收入急剧下降。因此，农民强烈要求政府干预市场，不断提高农民收入；然而，政府干预的社会成本较高，因此，政府推出的农业保护政策执行效果在实践中往往不太理想。

2.2.3　二元经济理论

刘易斯（1954）认为发展中国家存在现代部门和传统部门两大经济部门。现代部门以工业生产为特征，而传统部门以农业生产为特征。现代部门使用的是再生产性资本，采用的是规模化的机器生产，所以现代部门的生产率较高。而传统部门使用的不是再生产性资本，采用的是手工劳动，就业人员较多又没有形成规模生产，所以传统部门的生产率较低。两部门之间生产效率的差异导致两部门间收入水平的差异。刘易斯还认为二元经济发展的关键问题就是剩余劳动力由传统农业部门向现代工业部门和其他部门转移的问题。现代工业部门通过扩大再生产，提供就业机会，不仅可以为传统农业部门转移出剩余的劳动力，还可以带动传统农业部门生产率和收入水平逐渐提高，因此，只要把农业资源尽快转移到非农部门就可以加速经济发展和提高农民收入水平（刘易斯，1954）；普雷维什和辛格尔所提出的“贸易条件恶化”观点认为，只有争取国际经济基础环境改善条件下实现经济发展，才能提高国民包括农民的收入；赫尔希曼的“连接环节论”认为应该把资源集中起来首先发展对国民经济有较大带动作用的产业，只有经济增长了，农业部门的劳动者才有可能提高生活水平。

2.2.4　收入分配理论

对收入分配问题的研究是经济理论体系中重要支撑和主要的组成部分。古典经济学时期的斯密、李嘉图以及新古典经济学时期的萨伊、克拉克、马歇尔等学者都对收入分配理论进行了系统的思考和分析。

（1）古典经济学。收入分配理论是建立在劳动价值论基础上，按照斯密和李嘉图的收入分配理论，价值是由劳动产生的，而由价值产生收入的分配则是在劳动、资本和土地三种生产要素之间进行。三种要素的占有者相应产生工人、资本家和地主三个阶层，其对应收入分别是工资、利润和地租。工人通过劳动获得工资，资本家投入资本获得利润，而地主利用土地获得地租。

（2）新古典经济学。该时期收入分配理论的主要观点是在效用价值论基础上产生的生产要素分配论、边际生产力分配论和要素市场均衡价格分配论。这三个观点的提出者分别是萨伊、克拉克和马歇尔。

第一，生产要素分配论认为生产不是创造物质而是创造效用的过程。效用是价值的基础，产品价值取决于产品的效用。效用是由劳动、资本和土地共同产生的，商品价值是劳动、资本和土地协作的结果。三者都是价值的源泉，要素的所有者应当得到相应的收入。因此，工人劳动应当得到工资，资本家提供资本应当得到利息，地主则应当得到地租。

第二，边际生产力分配论在继承了萨伊效用价值论和生产要素分配论的基础上有所创新。克拉克认为劳动、资本和土地三要素都存在生产力递减的规律，即最后一单位要素（边际要素）投入的产品产出随着生产规模的扩大而逐渐减小。在生产要素资源配置有效率的条件下，工资应当等于劳动的边际生产力，如果工资高于劳动边际生产力，劳动的边际收益为负，生产者会减少劳动的投入；反之，若劳动的边际收益为正，生产者会增加劳动投入，直至二者平衡。同样利息与资本的边际生产力相等。工人、资本家和地主的收入分别与劳动、资本和土地的边际产量价值相当。

第三，要素均衡价格认为各生产要素分得的收入与要素的均衡价格相当，要素的均衡价格则由要素市场的供给需求关系决定，由此形成了完整的新古典收入分配理论体系。收入分配理论的核心是萨伊提出的要素分配论，生产要素是价值产生的源泉，因此，国民收入应当以生产要素的占有种类和占有数量的多少进行分配。

（3）其他收入分配理论。生产要素分配理论提出的按照生产要素均衡价格进行国民收入分配的方式，因为完全由市场进行资源配置而被认为是有效率的，然而，有效率的分配引致收入不平等和贫富差距，引起了研究者对分配公平问题的关注（库兹涅茨、罗尔斯、庇古等）。在国民收入分配中，穷人收入所占的比重越大，社会福利越大；政府不应该通过再次分配向富人征税对社会中的收入状况最差者做出补偿。因此应当进行收入再分配，使国民收入平等化是国家经济政策目标之一。

当前，我国城乡收入差异和区域农民收入差异的经济现象引起了经济学家的注意。而经济学收入分配问题中对于收入的不平等，贫富悬殊和社会效用、福利的理论研究则构成了研究我国收入的城乡差异和地区差异的理论基础。

2.2.5 人力资本理论

20 世纪 60 年代，美国经济学家舒尔茨创立了人力资本理论。该理论认为，人力资本表现为蕴含在人身上的各种生产知识以及劳动与管理的技能。人力资本是经济增长和社会进步的决定性原因。一国（或一地区）人力资本的存储量越大，质量越高，那该国（或地区）的经济增长就较快。同时，该理论还认为人力资本的积累并不是免费的，它是投资的结果。教育投资是人力资本投资的最主要部分，并且这种投资的经济收益要远远高于物质资本投资的经济收益。

在农业生产领域中，人力资本同样对农业生产引着关键性的作用。王春超（2004）认为，增加农民收入的关键着眼点应是对现代生产要素和人力资本的投资。李谷城、冯中朝、范丽霞（2006）认为目前我国农民收入增长的重要制约因素是教育和健康等农村人力资本投资不足。因此，改善农村地区的教育水平和医疗卫生条件，加快农村教育、文化和卫生等社会事业的发展，提高农村人力资本水平，将会极大地促进农民收入水平的提高。农民收入水平的提高反过来又会促进农村人力资本水平的提升，从而形成农民收入和农村人力资本共同提高的良性循环。

2.3 小　结

当前，对农民收入研究较多基于收入分配的公平性，研究城乡二元结构制度安排下，城镇居民和农村居民收入的差异，从制度角度分析农村制度制定存在的问题，并由此提出促进农民增收的政策建议；其次，从投入要素资源入手，研究农民占有的要素禀赋程度对其收入变化的影响作用，这类文献通常以经验研究为主；最后，从农民收入结构的角度出发，对农民非农就业问题，非农业收入以及农业收入问题分别进行了分析。

首先，以往研究较少涉及经济增长与农民收入增长变动之间的关联性，对经济增长问题的研究则往往忽略了农民和农村问题，而是以工业化、城镇化和城镇居民作为研究对象；其次，在分析农民收入问题时，虽然各种影响收入的要素与经济增长相关，受到经济增长影响，但验证经济增长对农民收入直接影响的研究则较少；第三，对我国农民收入研究由于数据获得的难易程度不同，采用宏观数据进行的实证研究远多于采用个体数据的微观计量分析。

此外，本书通过构建微观计量模型，以北京、上海、天津和广州4市农户家庭可支配收入增长结果为基础，结合相关年度（2008～2014年）的历史统计数据，构建起面板数据模型，实证分析经济增长率（%）、城镇化率（%）、财政支农资金支出增长率（%）和农民受教育程度（年）4项重要的经济指标分别对农户家庭人均纯收入增长的影响及其变化趋势的分析。诸如此类有针对性的开展农户家庭收入增长的研究成果鲜能见到。

第 3 章

改革开放以来我国农民收入增长的历史考证

本章以改革开放至今农民收入增长演变历程为切入点，系统地分析了1978 年以来我国农民收入增长变化的阶段性特征、结构以及农民收入差异。力求从整体上把握农民收入增长的特点，揭示农民收入增长的动态变化过程，从而为分析产生这种变化的原因提供科学、客观的依据。

3.1 农民收入增长阶段划分

改革开放以来的 38 年间，我国农民收入呈现出持续增长的良好态势。1978 年我国农民人均纯收入只有 133.6 元，2016 年上升为 12363 元，名义增长近 91.5 倍，年均名义增长 12.65，年均实际增长 7.61%（见图 3－1）。具体来看，我国农民收入增长在不同经济发展时期呈现出明显的阶段性特征。按照我国农民收入增长率的变化，从 1978～2016 年农民收入增长可划分为 7 个阶段（如表 3－1 所示）。

3.1.1 高速增长阶段（1978～1984 年）

该阶段农民收入从 133.6 元增加到了 355.3 元，年均名义增长率为 17.2%，扣除物价因素后年均实际增长率也达到 15.6%。这一阶段是农村经济体制改革的初始阶段。1978 年实施的家庭联产承包责任制突破了人民公社体制的束缚，解放了农村生产力。与此同时，该阶段国家对农产品价格的提高也极大地调动了农民发展农业生产的积极性，提高了农业劳动生产率，推进了农业的超常发展。该时期中央也认识到农村不应当只发展农业，也可以发展非农产业，走“农工商建运服”综合发展的道路。因而中央从全局上高度重视社队企业（即后来的乡镇企业）的发展，并制定了一系列的扶持政策。但由于种种原因，这一阶段社队企业发展并不快。因此，家庭联产承包责任制的实施和农产品价格的提高是该时期农民收入高速增长的主要原因。

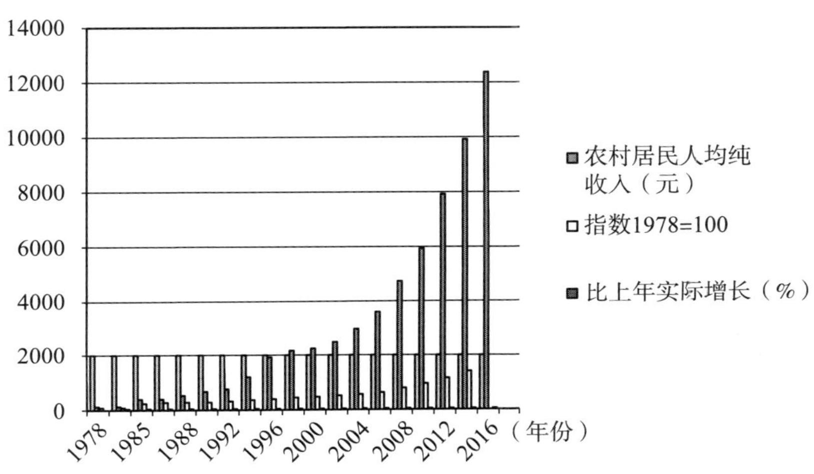

图 3-1　历年中国农村居民人均纯收入及其增长变化情况

资料来源：根据历年《中国统计年鉴》的统计数据计算得到。

表 3-1　1978~2016 年我国农民收入增长的阶段性变化　单位：%

时间段	增长特点	名义增长率	实际增长率
1978~1984 年	高速增长阶段	17.20	15.60
1985~1988 年	缓慢增长阶段	11.38	5.70
1989~1991 年	增长停滞阶段	9.20	0.70
1992~1996 年	增长回升阶段	22.40	5.70
1997~2000 年	增长持续下降阶段	4.00	3.70
2001~2010 年	增长恢复阶段	9.45	6.60
2011~2016 年	调整增长阶段	12.12	9.04

资料来源：根据历年《中国统计年鉴》的统计数据计算得到。

3.1.2　缓慢增长阶段（1985~1988 年）

该阶段农民收入增长虽然仍然较快，但与第一阶段增长相比该阶段农民收入实际增长率已经降到10%以下，增长变缓。农民人均纯收入由397.6元增长到544.9元，名义年均增长率虽仍然较高，为11.4%，但扣除物价因素后年均实际增长率仅为5.7%。该时期农业，尤其是粮食生产不景气，粮食生产出现了徘徊的被动局面，严重影响了农民收入的增长。但该时期也是乡镇企业突破“三就地”和“两个轮子”的限制，快速发展的阶段。该时期大约有4340万农民在乡镇企业从事全日制或非全日制工作（农业部软科学委员会办公室，2001），这在很大程度上抵消了农业生产不景气对农民收入增长不利的影响。这一阶段乡镇企业的发展对整个农村经济发展产生了深远的影响，不仅带动了农村经济结构的调整，还为农民增收提供了新的下降的主要原因。

3.1.3 增长停滞阶段（1989～1991年）

该阶段农民人均纯收入由601.5元增加到708.5元，年均名义增长率虽为9.2%，但扣除物价因素后的年均实际增长率仅为0.7%。其中，1989年的名义增长率为10.4%，但实际收入下降了1.6%。1990年的名义增长率为14.1%，而实际增长率仅为1.8%，1991年的实际增长率为2.0%。

20世纪80年代后期，我国农业增长开始由原来的长期供给短缺转向需求制约的局面，农产品供求之间因品种和品质的不对称而未能形成有效供给，出现了“卖粮难”“卖棉难”的现象。农产品供求之间的矛盾是该时期形成农民增收停滞的主要原因之一。而且该时期农业生产资料价格也大幅度上涨。

1989年、1990年和1991年度农业生产资料价格在1988年上涨6%的基础上分别比上年价格水平上涨18.9%、25.4%和29.1%。而同期农产品收购价格却反向下跌，1990年、1991年度农产品收购价格分别比上年降低2.6%和3%。农业生产成本的急剧上升以及农产品收购价格的降低致使农业生产的利润空间不断下降，从而影响了农民收入的增长（范小建，1999）。除此之外，乡镇企业的发展出现了与城镇工业争原料、争能源、争产品的现象。因此，国家于1988年提出了治理整顿的方针。加之，受资金紧缩和市场疲软等因素的影响，乡镇企业的发展受到了抑制，农民进入非农产业就业的机会减少。这是该时期农民收入增长停滞的又一原因。

3.1.4 增长回升阶段（1992～1996年）

该阶段农民人均纯收入由783.9元增加到1926.1元，年均名义增长率达

22.4%，扣除物价因素后实际增长率为5.7%。除1993年实际增长率为3.2%外，其他四年的实际增长率均超过了5%，且1996年的实际增长率达到了9%。1992年后农村改革进入了一个向社会主义市场经济体制全面转轨的时期。

1994年和1996年粮食两次提价82%（宋洪远，2008），这在很大程度上促进了农民收入的增长。另外，这个时期乡镇企业实施了以产业结构调整和产品结构调整为主的结构性调整，加上技术进步的不断加快，使得乡镇企业又一次进入高速发展阶段。据《中国乡镇企业30年》的统计资料显示该时期乡镇企业从业人员从10581万人增加到13058万人，增长23.4%，利润总额从1079亿元增加到4356亿元，增加了3277亿元。乡镇企业的进一步发展对该阶段农民收入的增长发挥了重要的作用。

3.1.5 增长持续下降阶段（1997~2000年）

该阶段农民人均纯收入由2091.13元增加到2253.42元，年均名义增长率仅为4%，扣除物价因素后实际增长率为3.7%。1997~2000年农民收入的名义增长率从8.5%下降至1.9%，实际增长率从4.6%下降至2.1%，农民收入增幅连年下降。

这个时期尽管农产品总量增加，但是大多数农产品的市场价格较低。因此，农民的农业收入增长停滞不前。2000年农民来自农业的人均纯收入比1997年减少了129.3元。与此同时，由于1997年东南亚金融危机的影响，国际市场需求减少，乡镇企业出口受阻，导致国内市场竞争加剧。

尤其是进入买方市场后，乡镇企业发展速度明显放慢，效益滑坡，吸纳农村剩余劳动力的能力减弱。农民外出就业压力加大，非农收入下降。这两方面的原因是导致了该时期农民收入增幅连年下降的原因。

3.1.6 增长恢复阶段（2001~2010年）

该阶段农民人均纯收入由2366.4元增加到5919元，年均名义增长率为9.45%，扣除物价因素后实际增长率为6.6%。2001年，农民人均纯收入名义增长率为5%，实际增长率为4.2%，扭转了自1997年以来农民收入增幅连续四年下滑的局面。从2004~2010年，农民人均纯收入实际增长率连续六年超过了6%，农民收入进入增长恢复时期。其中，2010年农民人均纯收入的实际增长率达到10.9%。

该时期农村改革开始全面实行。2006 年我国全面取消了农业税，结束长达 2600 多年的种地交税的历史，极大地减轻了农民的负担。此外，该时期农村还实行了社会主义新农村建设和以乡镇机构改革、农村义务教育改革以及县乡财政管理体制改革为主要内容的农村综合改革，制定了“以工促农、以城带乡”的发展战略，并实施了一系列的支农惠农政策。这些因素是该时期农民收入增长恢复的主要原因所在。

3. 1. 7 快速增长阶段（2011 ~2016 年）

该阶段农民人均纯收入由 6977. 3 元快速增加到 12363 元，年均名义增长率为 12. 12% ，扣除物价因素后实际增长率为 9. 62% 。与此同时，城镇居民人均可支配收入年平均增长率为 9. 04% ，因此，农村居民人均可支配收入高于同期城镇居民人均可支配收入的 3. 1 个百分点，城乡居民收入差距呈现出逐步缩小的良好态势。

该时期国家全面加强对“三农”领域的投资建设力度，重点加强对农村交通和通信等基础设施的投入力度，进一步改善农村相对落后的交通状况，降低农产品物流运输成本，不断提升农产品的国内外竞争力；与此同时，国家加大对农田水利和大江大河的整治力度，在提升农业综合生产能力的同时，促进农民收入的持续增长；此外，这一时期，国家动员各种力量，加大对农村贫困地区和贫困人口的精准扶贫的帮扶力度，因而，农民收入呈现出相对较快的增长趋势。

3. 2 农民收入来源结构及不同收入来源贡献率分析

按照国家统计局公布的核算口径，目前我国农民人均纯收入主要包括工资性收入、家庭经营收入、财产性收入和转移性收入四个方面。随着经济和社会的不断发展，这四个方面均呈现出不同程度的变化趋势，它们共同作用并最终影响着我国农民人均纯收入的变化（见表 3 -2）。

表 3 -2　　2000 ~2015 年我国农民收入结构变化情况　　单位：元

收入结构	工资性收入	家庭经营收入	财产性收入	转移性收入	合计
2000 年	702. 3	1427. 3	45. 0	78. 8	2253. 4
2001 年	771. 9	1459. 6	55. 0	80. 9	2366. 4

续表

收入结构	工资性收入	家庭经营收入	财产性收入	转移性收入	合计
2002 年	840. 2	1486. 5	60. 9	88. 0	2475. 6
2003 年	918. 4	1541. 3	65. 8	96. 8	2622. 2
2004 年	998. 5	1745. 8	76. 6	115. 5	2936. 4
2005 年	1174. 5	1844. 5	88. 5	78. 8	3254. 9
2006 年	1374. 8	1930. 9	100. 5	180. 8	3587. 0
2007 年	1596. 2	2193. 7	128. 2	222. 3	4140. 4
2008 年	1853. 7	2435. 7	148. 1	323. 2	4760. 6
2009 年	2061. 3	2526. 8	167. 2	397. 9	5153. 2
2010 年	2431. 1	2832. 8	202. 2	452. 9	5919. 0
2011 年	2963. 4	3222. 0	228. 6	563. 6	6977. 3
2012 年	3447. 5	3533. 4	249. 1	686. 7	7916. 6
2013 年	3652. 5	3934. 9	194. 7	1647. 5	9429. 6
2014 年	4152. 2	4237. 4	222. 1	1877. 2	10488. 9
2015 年	4600. 3	4503. 6	251. 5	2066. 3	11421. 7

资料来源：根据历年《中国统计年鉴》的统计数据计算得到。

3. 2. 1　农民收入来源结构分析

（1）工资性收入在农民收入中的比重近年来不断上升，成为农民收入增长的重要源泉。进入 21 新世纪以来，我国工业化和城镇化发展进程加快推进，越来越多的农民工进城务工成为首选，从而获得的工资性收入持续增多。据国家统计局公布的抽样调查结果，2016 年全国农民工总量达 27395 万人，比上年增加 501 万人，增长 1. 9%。其中，外出农民工 16821 万人，比上年增加 211 万人，增长 1. 3%；本地农民工 10574 万人，增加 290 万人，增长 2. 8%。农民工人均月收入 2864 元，比上年增长 255 元，增长 9. 8%。

据统计，我国农村居民人均纯收入中工资性收入由 2000 年的 702. 3 元增长到 2015 年 4600. 3 元，年平均增长率为 13. 35%。另外，2000 年农民工资性收入占总收入的比重为 31. 17%，到 2015 年这一比重上升至 40. 28%，表现出较快的增长势头。

（2）家庭经营性收入是农民收入的主要来源，但其在农民收入中的比重近年来不断下降。由于我国人口众多，农户家庭土地经营规模相对偏小，而且近年来国际农产品价格持续走低，农户从事农业生产经营获得的收入增长速度较慢。据统计，农民人均纯收入由2000年的1427.3元增长到2015年4503.6元，年平均增长率为7.96%。与此同时，农业经营收入在农民人均纯收入的比重也由2000年的63.34%下降到2015年的39.43%，下降幅度最大。

（3）财产性收入在农民收入中的比重不高，不是农民收入增长的主要来源。由于历史的原因，我国农户家庭累积的财产相对较少，即便有一些财产，也基本属于自建的房产等不动产，而且农户自建的房产存在着产权不清晰等诸多不利的缺陷，其在银行能够获得抵押性贷款的可能性较小，因而其财产性收入较少。据统计，农民人均纯收入中财产性收入由2000年45元增长到2015年的251.5元，年平均增长12.16%，其在农民收入结构中所占的比重由2000年1.99%上升到2015年的2.20%，上升速度较慢，财产性收入对农民人均纯收入的贡献度较低。

（4）转移性收入保持相对较快的增长势头，并将继续在农民收入增长中扮演着重要的角色。伴随着我国经济持续向好，国家财政收入也保持同步增长的良好态势，因此，政府用于转移支付的能力得到大大提升。尤其是进入21世纪以来，政府继续加大对农村贫困地区建设投入，特别是借助财政手段进行有针对性的转移支付，不断提高贫困农村人口的收入水平。据统计，农民人均纯收入中的转移性收入由2000年的78.8元增长到2015年的2066.3元，年平均增长24.33%。与此对应的是，转移性收入在人均纯收入中的比重也由2000的3.49%上升到2015年18.09%。

3.2.2 不同类别收入增长的贡献分析

在农民收入的四项来源中，财产性和转移性收入对农民人均纯收入增长的贡献波动较大，而家庭经营性收入和工资性收入对农民人均纯收入增长的贡献却发生了质的变化（见表3-3）。具体分析如下：

表3-3　2000~2015年农民收入来源结构及不同收入来源的贡献率　单位：%

年份	工资性收入		家庭经营性收入		财产性收入		转移性收入	
	构成	贡献率	构成	贡献率	构成	贡献率	构成	贡献率
2000	31.17	—	63.34	—	1.99	—	3.49	—
2001	32.62	69.59	61.68	28.58	2.32	8.85	3.42	1.86
2002	33.94	62.55	60.05	24.63	2.46	5.40	3.55	6.50

续表

年份	工资性收入		家庭经营性收入		财产性收入		转移性收入	
	构成	贡献率	构成	贡献率	构成	贡献率	构成	贡献率
2003	35.02	53.34	58.78	37.38	2.51	3.34	3.69	6.00
2004	34.00	25.49	59.45	65.09	2.61	3.44	3.93	5.95
2005	36.08	55.26	56.67	30.99	2.72	3.74	2.42	-11.52
2006	38.33	60.31	53.83	26.02	2.80	3.61	5.04	30.71
2007	38.55	40.01	52.98	47.49	3.10	5.01	5.37	7.49
2008	38.94	41.52	51.16	39.02	3.11	3.21	6.79	16.27
2009	40.00	52.88	49.03	23.20	3.24	4.87	7.72	19.03
2010	41.07	48.29	47.86	39.96	3.42	4.57	7.65	7.18
2011	42.47	50.30	46.18	36.78	3.28	2.49	8.08	10.46
2012	43.55	51.54	44.63	33.15	3.15	2.18	8.67	13.11
2013	38.73	13.55	41.73	26.54	2.06	-3.59	17.47	63.50
2014	39.59	47.17	40.39	28.56	2.12	2.59	17.89	21.68
2015	40.28	48.04	39.43	28.54	2.20	3.15	18.09	20.27
平均值	37.77	47.45	51.70	34.39	2.69	3.52	7.71	14.57

资料来源：根据历年《中国统计年鉴》的统计数据计算得到。

（1）工资性收入对农民收入增长的贡献率呈上升趋势。统计表明，2000 年至 2015 年间，工资性收入对农民人均纯收入增长的贡献率呈现出较大的波动性，其中，贡献率最大值为 69.59%，最小值为 13.55%，平均贡献率达 47.45%，在农民人均纯收入增长的四个因素中贡献率最大。不难预计，随着我国工业化和城镇化发展进程的进一步推进，工资性收入必将逐渐成为农民收入增长的主要推动力。

（2）家庭经营性收入对农民收入增长的贡献率呈下降趋势。2000 ~ 2012 年 13 年间除了个别年份外其余各年份家庭经营性收入对农民人均纯收入增长的贡献率均在 30% 以上，其中 2004 年这一数值高达 65.09%。但在 2013 年以后，家庭经营性收入对农民人均纯收入增长的贡献率下降至 30% 以下，对农民人均纯收入增长的贡献率为 34.39%。预计未来家庭经营性收入对农民收入增长的贡献逐渐减少。

（3）财产性收入对农民人均纯收入增长的贡献率不高。统计表明，2000年至2015年间，除个别年份财产性收入对农民人均纯收入增长的贡献率超过5%以外，绝大多数的年份其贡献率均在5%以下，个别年份（2013年）还出现了负增长，但不同年份之间财产性收入对农民人均纯收入增长的贡献率波动性较小，年平均贡献率仅为3.52%，财产性收入对农民人均纯收入增长的贡献程度低。

（4）转移性收入对农民人均纯收入增长的贡献率逐年提升。统计结果表明，转移性收入在不同年份对农民人均纯收入增长的贡献率呈现出较大的波动性，其中最大值为63.50%，最小值却为－11.52%，两者相关性达75.02%，平均贡献率为14.57%，并且将会持续保持相对较快的增长势头。转移性收入对农民人均纯收入贡献率波动性较大，一方面反映出国家财政转移支付的制度仍需要进一步完善，需要做出更加科学的论证；另一方面最大限度地发挥财政转移在农民人均纯收入增长的公平性和效率性。

3.3 农民收入差异性分析

3.3.1 城乡居民收入差距分析

改革开放38年来，特别自进入21世纪以来，我国城镇居民人均可支配收入与农村居民人均纯收入都保持相对较快的增长态势，但因城镇居民人均可支配收入的增长要快于农村居民人均纯收入的增长，致使城乡居民收入差距总体呈现扩大的态势。2000～2016年间，城镇居民人均可支配收入从6280元元增加到33616元，增长了4.35倍，年均增长11.05%。而同期，农村居民人均纯收入从2253.4元增加到12363元，增长了4.49倍，年均增长11.23%。因此，名义上无论农民人均纯收入的绝对增加值还是在收入增长速度上都要高于同期镇居民镇居民的水平；然而，剔除物价上涨的因素之外，2000～2016年间农村居民人均纯收入增长率和城镇居民可支配收入增长率分别为7.78%和9.04%，因此，城乡居民人均纯收入（可支配收入）之间仍然存在着较大的差距（如表3－4和图3－2所示）。

表3－4　城乡居民收入差异变化情况

年份	城镇居民可支配收入（元）	农村居民人均纯收入（元）	城乡居民收入增长率之差（元）	城乡居民收入绝对值之比
2000	6280.00	2253.40	2.40	2.79
2001	6859.60	2366.40	4.30	2.89
2002	7702.80	2475.60	8.60	3.11
2003	8472.20	2622.20	4.70	3.23
2004	9421.60	2936.40	0.90	3.21
2005	10493.00	3254.90	3.40	3.22
2006	11759.50	3587.00	3.00	3.28
2007	13785.80	4140.40	2.70	3.33
2008	15780.80	4760.60	0.40	3.31
2009	17174.70	5153.20	1.30	3.33
2010	19109.40	5919.00	－3.10	3.23
2011	21809.80	6977.30	－30.00	3.13
2012	24564.70	7916.60	－1.10	3.10
2013	26955.10	8895.90	0.40	3.03
2014	29381.00	9892.00	－2.40	2.97
2015	31790.30	10772.00	－0.70	2.95
2016	33616.00	12363.00	－0.40	2.72
平均值	5663.88	17350.37	1.26	3.11

资料来源：（1）根据历年《中国统计年鉴》的统计数据计算得到；（2）红字数据表明农村居民人均纯收入增长率高于同期城镇居民人均可支配收入增长率。

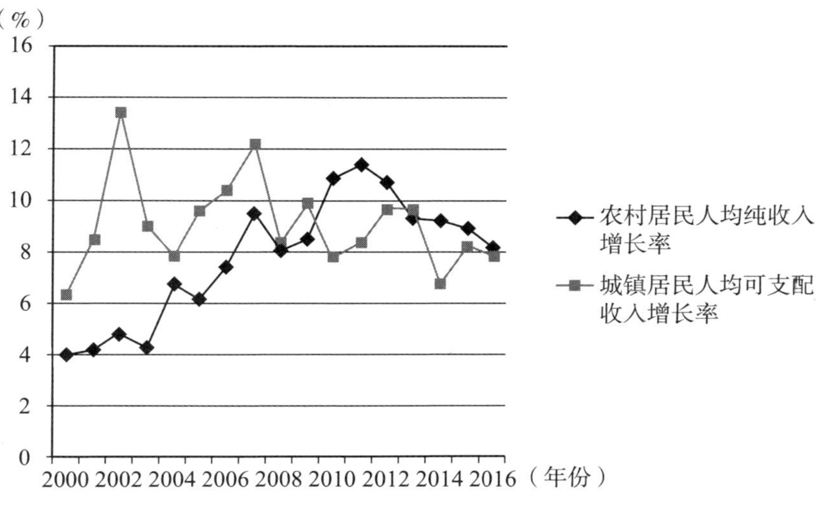

图3－2　2000～2016年城乡居民收入增长率变化情况

（1）从城乡居民收入实际增长率之差分析。2000～2009年间，城镇居民人均可支配收入增长率均高于同期农村居民人均纯收入的增长率，其中以2002年表现得最为明显；2010～2016年间，两者增长率之差出现相反的结果，农村居民人均纯收入增长率高于同期城镇居民人均可支配收入的增长率。2000～2016年间城镇居民人均可支配收入增长率平均高于同期农村居民人均纯收入增长率1.26个百分点。

（2）从城乡居民名义收入绝对值之比分析。2000～2016年间，虽然城乡居民名义收入均保持相对较快的增长势头，但城乡居民名义收入绝对值之比基本维持在3.00∶1左右，两者名义收入之比为3.11∶1。

值得关注的是以上只是名义上的城乡居民收入差距。如果考虑到城镇居民实际享受的各种工资外的福利性补贴，如住房、医疗、教育以及公共用品等的补贴，城镇居民的实际收入将会更高。而对于农民来讲，如果扣除收入中不可交易的实物性收入以及用于下一年再生产的投资，农民的实际收入将会更低。据有关专家测算，若把这些因素都考虑进去，我国城乡居民收入的实际差距将达到6∶1左右（张秋锦，2008）。

3.3.2 区域间农民收入差异分析

根据国家统计局出台的相关规定，我国东、中、西三个区域的划分范围为：东部地区包括北京、天津、河北、辽宁、上海、江苏、浙江、福建、山东、广东、海南11个省（市）；中部地区包括：山西、吉林、黑龙江、安徽、江西、河南、湖北、湖南8个省；西部地区包括：内蒙古、广西、重庆、四川、贵州、云南、西藏、陕西、甘肃、青海、宁夏、新疆12个省（市、自治区）。

（1）东部地区农民人均收入绝对数额最大，中部地区次之，西部地区绝对数额最小。据统计，2000～2015年，我国东、中、西地区农民人均纯收入的差距呈现出不断扩大的趋势。从收入绝对值来看，2000年三大区域农民人均纯收入分别为3475.72元、2074.72元和1632.31元，收入绝对额差距东中部为1401元、东西部为1843.41元、中西部为442.41元。到2015年，三大区域农民人均纯收入分别为15789.62元、10940.60元和8914.13元，绝对额差距东中部为4849.02元、东西部为6875.49、中西部为2026.47元（如表3－5所示）。东部地区明显高于中西部地区，中西部地区比较接近。另外，2000～2015年间，东部地区的农民人均纯收入绝对数额均高于全国同期水平，而中部和西部两个地区的农民人均纯收入数额均比全国同期水平低。

表 3－5　我国 2000～2015 年间主要年份东、中、西三地农民人均纯收入情况

年份	东部地区	中部地区	西部地区	全国	各地区收入比
	绝对值（元）	绝对值（元）	绝对值（元）	绝对值（元）	东:中:西
2000	3475.72	2074.72	1632.31	2253.42	2.13:1.27:1
2005	5123.40	3029.16	2355.61	3254.93	2.17:1.29:1
2010	8925.87	5654.51	4392.42	5919.01	2.03:1.29:1
2013	13089.76	9090.94	7284.49	9429.60	1.79:1.25:1
2014	14497.57	10118.89	8134.08	10488.90	1.78:1.24:1
2015	15789.62	10940.60	8914.13	11421.70	1.77:1.23:1
增长率（%）	10.62	11.72	11.98	11.42	—

资料来源：根据历年《中国统计年鉴》的统计数据计算得到。

（2）西部地区农民人均收入收入增长速度最快，中部地区次之，东部地区增长速度相对较慢。统计表明，2000～2015 年间，东部、中部、西部三地区农民人均纯收入增长率分别为 10.62%、11.72% 和 11.98%。虽然，东部地区农民人均纯收入增长率低于同期的中部和西部两地区，但其人均纯收入的绝对值却仍然高于，农民人均纯收入之比由 2000 年的 1.13:1.27:1 下降到 2015 年的 1.77:1.23:1 的平均水平。

第 4 章

广州市农户家庭现金收入情况典型调查

改革开放以来，广州市经济和社会发展保持相对较快的增长速度，目前广州已逐步成为我国南部沿海地区经济最为发达的城市，与北京、上海等大城市同步发展并最终形成“北上广”城市经济圈。然而，与全国各地情形相似，如何保持农民收入稳定增长成为广州市历届政府最为关注的难点问题。

4.1 广州市经济社会发展情况

广州是广东省省会，位于广东省中南部，东江、西江、北江交汇处，珠江三角洲北缘，濒临中国南海。广州是国家历史文化名城，是岭南文化分支广府文化的发源地和兴盛地之一。两千多年来广州一直都是华南地区的政治、军事、经济、文化和科教中心。广州是国务院定位的国际大都市，国家三大综合性门户城市之一，五大国家中心城市之一，与北京、上海并称“北上广”。截至 2015 年底，广州市辖荔湾、越秀、海珠、天河、白云、黄埔、番禺、花都、南海、萝岗、增城和从化 12 个区（市），后经合并，目前共有 10 个区，但在本书中仍然采用 12 个区（市）为计算口径，全市国土面积 7434.4 平方公里；2014 年末，广州市常住人口 1350.11 万人，城镇人口比重为 85.53%。年末户籍人口 854.19 万人。

4.2 广州农户家庭户均现金收入增长分析

伴随着广州市经济快速增长的同时，全市城乡居民收入也呈现出同步增长的态势，据统计，2015 年广州农村常住居民人均可支配收入 19323.10 元，同比增长 9.4%。为了更加全面掌握广州市农村居民家庭收入增长情况，本书结合广州市农业局开展的农村家庭入户调查所获得的第一手数据资料，入户调查时间为 2009 ~ 2014 年。本次调查对象主要分布在白云、番禺、花都、南沙、萝岗、增城和从化 7 个区（市），其中，每个区在选取调查样本数量时参考各区（市）农村人口数量在全市农村总人口的比重；此外，本次入户调查还尽量考虑到保证所选样本（农户家庭）收入变化可比性，因此，6 间年所选择的样本（农户家庭）基本保持大体不变的特征，具体情况是：白云（长岗、长沙埔）、番禺（沙北）、花都（莲塘、永乐、象山）、南沙（雁沙、沙尾）、萝岗（均和、枫下）、增城（新吓山、南池、派潭）、从化（盘溪、新田），不过在所做的 5 年调查期间，尽量保持所调查的样本村庄不变，不过随着家庭人口数量的变化出现较小幅度的变化。各区（市）样本数量及其详细分布情况（见表 4 - 1）。

表 4 - 1　广州市农户家庭现金收入调查样本人口及农户数（2009 ~ 2014 年）

单位：人/户

年份	白云	番禺	花都	南沙	萝岗	增城	从化	总计
2009	313 (60)	63 (20)	382 (80)	256 (60)	186 (40)	368 (80)	312 (60)	1880 (400)
2010	307 (59)	65 (20)	379 (80)	243 (60)	186 (40)	363 (80)	267 (59)	1810 (398)
2011	301 (58)	70 (20)	369 (78)	251 (60)	189 (40)	365 (80)	272 (59)	1817 (395)
2012	207 (54)	69 (20)	349 (80)	257 (60)	179 (40)	363 (80)	260 (57)	1747 (391)
2013	303 (60)	69 (20)	347 (76)	257 (60)	182 (40)	348 (80)	291 (59)	1797 (395)
2014	303 (60)	68 (20)	368 (80)	251 (60)	184 (40)	323 (80)	288 (60)	1785 (400)
年平均值	300 (59)	67 (20)	366 (79)	254 (60)	184 (40)	355 (80)	282 (59)	1806 (397)

注：（1）表中数据来源于广州市农业局组织的全市农户入户调查；（2）表中的数据为调查农户平均总人口数（人），括号中的数据为调查的家庭年平均户数（户）。

4.2.1 农户家庭人均现金收入和户均现金收入保持同步增长的态势

本次入户调查主要收集农户家庭现金收入方面的数据，由于农户家庭现金收入主要包括家庭经营收入、工资性收入、财产性收入和转移性收入 4 项内容，本次所做的调查时间仅为半年值。调查结果显示，广州市农户家庭现金收入由 2009 年 35230.9 元增长到 2014 年 64920.3 元，年平均增长率为 13.00%（当年价）。与此同时，农户家庭人均现金收入由 2009 年 7495.9 元增长到 2014 年 14547.9 元，年平均增长率为 14.18%（当年价）。由于农户家庭户均人口由 2009 年 4.70 人下降到 2014 年 4.42 人，因此，农户家庭人均现金增长速度快于户均现金增长速度（见表 4－2）。

表 4－2 样本农户家庭 2009～2014 年人均现金收入、户均现金收入增长情况

单位：元/人

项目	2009 年	2010 年	2011 年	2012 年	2013 年	2014 年
家庭经营收入	8960862	12104370	12196715	12654513	9203596	13451184
工资性收入	4142001	5780267	6575212	7362956	8618587	9772870
财产性收入	644488	1416848	1197378	1220065	1226050	1761671
转移性收入	345040	489337	579078	774599	1066901	982404
现金总收入	14092391	19808422	20548383	22012133	20094434	25968129
户均人口	4.70	4.55	4.60	4.47	4.55	4.42
人均现金收入	7495.94	10943.90	11308.90	12599.90	11182.20	14547.90
户均现金收入	35230.90	49769.90	52021.30	56297.10	50871.90	64920.30

注：（1）数据来源于入户调查，而且调查数据仅为上半年度；（2）家庭经营收入、工资性收入、财产性收入和转移性收入为全部调查样本的数据。

4.2.2 农户家庭现金收入增长的结构呈现出明显的变化

广州是我国南方重要的国际化大都市，工业基础雄厚，商业发达，经济社会保持较快的发展态势。自进入 21 世纪以来，第一，国家加快推进工业化和城镇化发展步伐，最大限度地吸纳农村剩余劳动力到城市中务工就业；第二，广州市各级地方政府不断加大对农村基础设施投资力度，着力提升对农村居民财政转移支付的力度，进一步完善农村居民的医疗、养老等各项社会保障工作，确保农村居民家庭现金收入维持相对稳定的增长态势；第三，由于外来务工人员的持续增长，当地农村居民利用宅基地开发建设大量住宅用于对外出租以获取一定的现金收入。在此背景下，广州市农户家庭现金收入结构也相应地发生了显著的变化（见表 4－3）。

表 4－3　　农户家庭现金收入增长的结构变化趋势　　单位：%

项目	2009 年	2010 年	2011 年	2012 年	2013 年	2014 年	平均
家庭经营收入	63.59	61.10	59.35	57.49	45.80	51.79	56.52
工资性收入	29.39	29.18	32.00	33.45	42.89	37.63	34.09
财产性收入	4.57	7.15	5.83	5.54	6.10	6.79	6.00
转移性收入	2.45	2.47	2.82	3.52	5.31	3.78	3.39
现金总收入	100.00	100.00	100.00	100.00	100.00	100.00	100.00

注：表中的数据根据调查数据整理得到。

（1）农户家庭户均经营性现金收入呈现逐年增长态势，但占农户家庭现金总收入的比重逐年下降。调查统计数据显示，样本农户家庭经营现金收入由 2009 年 22402.2 元增长到 2014 年 33627.9 元，年平均增长率为 92.19%（当年价），占农户家庭现金总收入的比重由 2009 年 63.59% 下降到 2014 年 51.79%，年均下降幅度为 4.03%，不过其仍然占农户家庭现金收入的绝对份额。在农户家庭经营收入结构中，6 年间出售产品占总收入的比重年平均为 75.16%，为最高，占据农户家庭户均经营性现金的绝对份额；其次为农户从业批发零售/餐饮服务，年平均比重为 10.39%；占比重最小的为社会服务收入（见表 4－4）。

表 4－4　　样本农户家庭户均经营性现金总收入结构表　　单位：%

项目	2009 年	2010 年	2011 年	2012 年	2013 年	2014 年	平均值
出售产品	75.47	70.42	76.29	75.77	76.11	76.88	75.16
工业加工费	0.41	3.32	0.01	0.45	0.82	0.39	0.90
建筑业	1.78	1.47	1.22	1.19	2.56	1.82	1.67
交通运输\邮电业	3.86	2.93	2.69	3.59	3.64	3.68	3.40
批发零售\餐饮	5.53	14.83	13.48	5.91	10.96	11.62	10.39

续表

项目	2009 年	2010 年	2011 年	2012 年	2013 年	2014 年	平均值
社会服务	0.25	0.27	0.11	0.01	0.30	0.75	0.28
文教卫生业	0.59	0.47	0.59	0.76	0.94	0.62	0.66
其他家庭经营	12.10	6.14	5.61	12.31	4.92	4.25	7.55
农户家庭经营现金总收入	100.00	100.00	100.00	100.00	100.00	100.00	100.00

注：表中的数据根据调查数据整理得到。

（2）农户家庭户均工资性收入保持相对平衡增长的态势，占据农户家庭现金总收入的相当份额。伴随着广州工业化和城市化的快速发展，当地农村居民很容易在城市中谋得就业的工作岗位，就业机会较多。调查统计显示，样本农户家庭户均工资性收入由 2009 年 10355 元增长到 2014 年 24432 元，年平均增长率为 18.73%，工资性收入占家庭现金总收入比重由 2009 年 29.39% 增长到 2014 年 37.63%，年平均增长率为 5.07%，工资性收入在农户家庭现金总收入的比重仍然占据第二位，其中，农户家庭来自乡务工收入占比年平均值达 49.22%；其次为来自乡外县内的务工收入，其占比重为 32.85%，两者比重之和达 82.07%；县外省内的比重为 16.25%，来自省外的务工收入仅占 1.68%，两者之和仅为 17.93%。这一调查数据充分表明，目前广州市农村居民基本上以选择离家较近的本乡或本区（市）区域内的各类企业就业，因为居民除可以获取务工收入的同时，还可以适当照顾家庭，务工挣钱和照顾家庭两不误（见表 4－5）。

表 4－5　　样本农户家庭户均工资性现金总收入结构　　单位：%

项目	2009 年	2010 年	2011 年	2012 年	2013 年	2014 年	平均值
乡内	41.05	46.20	42.38	52.98	58.94	53.73	49.22
乡外县内	42.29	28.10	36.92	31.34	25.54	32.89	32.85
县外省内	14.58	24.73	19.03	12.82	13.70	12.64	16.25
省外	2.08	1.97	1.67	1.84	1.82	0.74	1.68
工资性现金总收入	100.00	100.00	100.00	100.00	100.00	100.00	100.00

注：表中的数据根据调查数据整理得到。

（3）农户家庭户均财产性收入占比逐年提升，增长速度较高。调查统计表明，样本农户家庭户均财产性现金收入由 2009 年 1611.2 元增长到 2014 年 4404.18 元，年平均增长率为 22.28%（当年价），占农户家庭现金总收入的比重由 2009 年 4.57% 上升至 2014 年 6.79%，年上升幅度为 8.24%。首先，伴随工业化和城镇化的快速发展，原来用于农业生产的农用地逐步转变为工业和城市发展所需，农户家庭可耕种的土地面积十分有限，土地资源的稀缺性日益明显，并且对于单个农户家庭而言，耕种小规模土地不能有效地实现规模经营效益，因此，当地村民基本上将土地转包给外来的“代耕农”耕种并收取一定土地转包租金。在农户家庭户均财产性收入结构中，来自土地转包收入占总收入平均比重为 32.38%。其次，由于村集体组织统一掌管土地出让款，部分存入银行或购买国债以获取收益并对村民进行年终分红；另外，村民一般将闲余的钱存入银行以获取利息报酬，调查发现，来源于利息、股息、红利收入之和占户均财产性收入的比重为 28.39%。第三，广州市农村集体经济组织将村民分散的土地集中起来建成标准工业厂房、农贸市场、商铺等各类物业对外出租，农村集体经济组织每年可以稳定地收取一定数量的租金，而且对组织内的村民进行红利分配，其中租金收入占户均财产性总收入的比重达 21.04%。因此，土地转包收入、利息/股息/红利和租金收入共同构成了农户家庭财产性收入的重要组织部分，而来自土地征用款所占的比重逐年呈下降的趋势（见表 4-6）。

表 4-6　　样本农户家庭户均财产性现金总收入结构　　单位：%

项目	2009 年	2010 年	2011 年	2012 年	2013 年	2014 年	平均值
利息/股息/红利	3.81	48.79	41.16	27.84	26.06	22.65	28.39
租金收入	23.26	23.15	20.55	20.30	24.40	14.58	21.04
土地转包收入	47.80	20.99	26.35	32.24	34.93	31.94	32.38
土地征用补偿	9.74	1.09	0.29	4.10	2.36	21.97	6.59
其他财产收入	15.39	5.97	11.64	15.47	12.25	8.86	11.60
财产性现金总收入	100.00	100.00	100.00	100.00	100.00	100.00	100.00

注：表中的数据根据调查数据整理得到。

（4）农户家庭户均转移性收入占比逐年增长，增长速度最高。调查结果表明，样本农户家庭户均转移性收入由 2009 年 862.6 元增长到 2456.0 元，年平均增长率为 23.28%（当年价），占农户家庭现金总收入的比重由 2009 年 2.45% 上升至 2014 年 3.78%，年上升幅度为 9.06%。在农户家庭转移性收入结构中，亲友赠送的资金比重达 39.24%，排名第二位；来自政府等各方面的救济金、救灾款、抚恤金之和比重为 10.45%，排名第三位；政府对农户粮食生产补贴资金占 7.36%，在外面的家庭成员寄回或带回家的现金收入占 4.07%；2008 年政府为应对美国次贷危机而临时推出的家电下乡活动，旨在促进农村农户消费市场转型升级，然而，伴随着家电下乡补助政策逐步退出，其对农户家庭户均转移性收入几乎不起作用；其他为不确定性的转移性收入，比重高达 39.41%，对农户家庭户均转移性收入的增长起着关键性的促进作用（见表 4－7）。

表 4－7　样本农户家庭户均转移性现金总收入结构　单位：%

项目	2009 年	2010 年	2011 年	2012 年	2013 年	2014 年	平均值
家庭成员寄回或带回	0.14	5.54	4.51	4.84	5.38	4.02	4.07
亲友赠送	46.67	39.54	35.54	45.08	37.07	31.54	39.24
救济金/救灾款/抚恤金	5.16	13.13	8.99	6.59	17.09	11.75	10.45
粮食生产补贴	14.47	5.82	5.07	8.02	5.32	5.44	7.36
家电下乡补贴	0.03	0.06	0.05	0.29	0	0	0.07
其他转移性收入	35.54	35.92	45.83	36.76	35.16	47.25	39.41
财产性现金总收入	100.00	100.00	100.00	100.00	100.00	100.00	100.00

注：表中的数据根据调查数据整理得到。

4.2.3 样本农户家庭户人均现金收入差异性分析

新中国成立以来，随着经济和社会的不断发展，广州市经历了多次行政区划调整，2014 年 2 月，广州市撤销黄埔区、萝岗区，设立新的黄埔区；撤销从化市、增城市，分别设立从化区和增城区，目前广州市共下辖 11 个市辖区。由于需要遵照历史事实，本次针对农户家庭现金收入的调查只在原来规划建制的白云、番禺、花都、南沙、萝岗、增城和从化 7 个区展开，而且这 7 个区集聚了广州市 90% 以上的农村居民。由于 7 个区离广州市中心城区的距离远近差距较大，交通区位优势不尽相同，从而造成各区域之间经济发展水平差异性较大，尤其是各个不同区在广州市整个经济社会发展进程中的主体功能定位不同（有的区功能定位为工业集聚发展，有的区功能定位为商贸旅游、有的功能定位为休闲农业，等等），而经济和社会发展层次不同对农户家庭现金收入产生大的影响，因此，7 个区的农户家庭现金收入呈现出较大的差异性（表 4－8）。

表4－8　广州市7个区农户家庭现金收入及结构变化趋势（2009～2014年）

单位：元

项目		2009年	2010年	2011年	2012年	2013年	2014年	平均值	年平均增长率（%）
白云区	家庭经营收入	600130	656294	625130	646423	554221	653661	622643	1.72
	工资性收入	849356	1002260	1078000	1268106	1598280	1703512	1249919	14.93
	财产性收入	86477	61523	50220	92373	75322	143280	84866	10.63
	转移性收入	10151	4805	9224	56670	19300	29216	21561	23.54
	人均现金收入	4939.7	5618.5	5855.7	7935.7	7416.3	8348.8	6685.8	11.07
	户均现金收入	25768.7	29235.3	30389.2	39678.3	37452.1	42161.2	34114.1	10.35
番禺区	家庭经营收入	324442	330375	293183	358995	299152	441474.5	341270	6.35
	工资性收入	396512	209994	559752	527324	608555	1363695.3	610972	28.02
	财产性收入	129770	224870	155328	152772	172497	402678.2	206319	25.42
	转移性收入	38131	37348	37350	24110	33100	98521.8	44760.1	20.91
	人均现金收入	14108.8	12347.5	14937.4	15408.7	16134.8	16712.8	14914.7	3.45
	户均现金收入	44442.8	40129.4	52280.7	53160.1	55665.2	57659.3	50556.3	5.34
花都区	家庭经营收入	3857933	5118241	4529541	4249836	3484533	6573115	4635533	11.25
	工资性收入	670084	1354196	1375780	1524520	1398050	2061926	1397426	25.21
	财产性收入	46057	206950	138050	145670	197997	157755	148747	27.92
	转移性收入	23804	58800	54800	54280	65899	149057	67773	44.32
	人均现金收入	12036.4	17825.3	16526.2	17118.4	14771.7	24298.5	17096	15.08
	户均现金收入	57473.5	84447.4	78181.7	74678.8	67444.5	111773.2	78999.9	14.23

续表

项目		2009 年	2010 年	2011 年	2012 年	2013 年	2014 年	平均值	年平均增长率（%）
南沙区	家庭经营收入	2490441	3302883	4035490	3390174	3032697	4051716	3383900	10. 22
	工资性收入	589849	680440	886476	1029813	1207648	1495880	981684	20. 46
	财产性收入	114905	67233	98297	92163	102202	192828	111271	10. 91
	转移性收入	62376	104522	179695	233085	345573	238549	193967	30. 77
	人均现金收入	12724. 9	17099. 1	20716. 9	18463. 9	18241. 7	23820. 6	18511. 2	13. 36
	户均现金收入	54292. 9	69251. 3	86665. 9	79087. 3	78135. 4	99649. 6	77847. 1	12. 91
萝岗区	家庭经营收入	519826	222826	228749. 7	377590	248156	250406	307926	-13. 59
	工资性收入	226550	662167	708134	773053	947564	1047171	727439	35. 82
	财产性收入	80069	268716	169377	201022	212628	288682	203416	29. 24
	转移性收入	34147	49125	67682	117608	159030	98183	87629	23. 52
	人均现金收入	4626. 9	6466. 9	6211. 4	8208. 3	8611. 9	9154. 6	7213. 3	14. 62
	户均现金收入	21514. 8	30070. 9	29348. 6	36731. 8	39184. 5	42111. 1	33160. 3	14. 38
增城区	家庭经营收入	838673	2128443	2137063	3141425	1142049	1104215	1748645	5. 65
	工资性收入	709830	965410	1018270	1168640	1415450	1314855	1098743	13. 12
	财产性收入	93350	509130	503930	452730	383272	715850	443044	50. 29
	转移性收入	144367	175452	170042	198653	258580	260660	201292	12. 54
	人均现金收入	4853. 9	10408. 9	10491. 3	13667. 9	9193. 6	10512. 6	9854. 7	16. 71
	户均现金收入	10483. 4	47230. 5	47866. 3	62018. 1	39991. 9	42444. 8	41672. 5	32. 27

续表

项目		2009 年	2010 年	2011 年	2012 年	2013 年	2014 年	平均值	年平均增长率（%）
从化区	家庭经营收入	329417	345308	347558	490070	442788	491267	407735	8. 32
	工资性收入	699820	905800	948800	1071500	1443040	1408180	1079523	15. 00
	财产性收入	93860	78426	82176	83335	82132	84752	84114	-2. 10
	转移性收入	32057	59285	60285	90194	185419	165878	98853	38. 92
	人均现金收入	3702. 4	5201. 6	5289. 8	6673. 5	7399. 9	7465. 6	5955. 5	15. 08
	户均现金收入	19252. 6	23539. 3	24386. 8	30440. 4	36497. 9	35834. 6	28325. 3	13. 23

注：表中的数据根据调查数据整理得到，并且表中的数据为入户调查的半年数据。

（1）农户家庭人均现金总量和增长率分析。从表 4－8 所做的统计结果看，虽然本次入户调查只统计了 7 个区（市）上半年数据，截至 2014 年，广州市 7 个区（市）上半年农户家庭人均现金收入总量最高的为花都区，人均现金收入达 24298. 5 元，最低的为从化市，人均现金收入仅为 7465. 6 元，花都农户家庭人均现金收入为从化同期的 3. 25 倍，两区相差 16832. 9 元；农户家庭人均现金收入排名第二名、第三名的区分别为南沙（23820. 6 元）和番禺（16712. 8 元）。若从农户家庭人均现金收入增长幅度（2009～2014 年）来看，人均现金收入年平均增长率最高的为增城市，年平均增长率为 16. 71%；其次为从化市，年平均增长率为 15. 08%，而年平均增长率最低的却是番禺区，年平均增长率仅为 3. 45%。

（2）农户家庭户均现金总量和增长率分析。从表 4－8 的统计结果看，截至 2014 年上半年，农户家庭户均现金总量最高的为花都区，户均现金收入达 111773. 2 元，而同期户均现金收入最低的为从化市，仅为 35834. 6 元，花都区农户家庭户均现金收入为同期从化的 3. 12 倍；户均现金收入排第二名和第三名的分别为南沙区（99649. 6 元）和番禺区（57659. 3 元）。若从农户家庭户均现金收入增长幅度（2009～2014 年）来看，户均现金收入年平均增长率最高的为增城市，年均增长率为 32. 27%；其次为萝岗区，年平均增长率为 14. 38%；而年平均增长率最低的却是番禺区，年平均增长率仅为 5. 34%。

（3）农户家庭现金收入结构变化分析。2009～2014 年间 7 个区（市）农户家庭经营性收入增长幅度最高的为花都区，年平均增长率为 11. 25%，其次为南沙区，年平均增长率为 10. 22%，而萝岗区则出现了较大幅度的下降，年平均下降率为 13. 59%；2009～2014 年间 7 个区（市）农户家庭工资性收入增长最快为萝岗区，年平均增长率为 35. 82%，其次为番禺区，年平均增长率为 28. 02，增长幅度最低的为增城市，年平均增长率仅为 13. 12%；2009～2014 年 7 个区（市）农户家庭财产性收入增长幅度最高的为增城市，年平均增长率达 50. 29%，其次为萝岗区，年平均增长率为 29. 24，年平均增长率最低的为从化市，年平均下降 2. 1%；2009～2014 年农户家庭转移性收入增长幅度为高的为花都市，年平均增长率为 44. 32%，其次为从化市，年平均增长率为 38. 92%，而转移性收入增长最缓慢的为增城市，年平均增长率为 12. 54%。

（4）农户家庭人均现金收入和户均现金收入增长原因分析。由于增城和从化两区（市）远离广州市中心城区，地理位置显得相对偏远，多年来受广州市城市发展的辐射和带动作用相对较弱，当地农村经济发展相对缓慢，工业化发展水平相对较低，从而制约着当地农户家庭现金收入增长，相对其他 5 个区（市）而言，农户家庭户均现金收入的基数相对偏低。然而近年来，伴随着广州市不断推进工业化和新型城市化发展战略，大量农用地被转化为工业发展和城市建设用地，因此，农户家庭获取的财产性收入和工资收入逐年提升并且占据着较大的份额，从而快速拉动增城和从化两个区（市）农户家庭现金收入总量的增长以及收入结构的演变。与此同时，番禺区离广州中心城区较近，交通区位优势非常明显，城镇化水平发展相对较高，农民的承包地早已被开发建设完毕，农户家庭户均现金收入主要以工资性收入为，并且占据着绝对的份额。通常情况下，工资性收入呈刚性增长，但增长速度相对缓慢，因此，番禺区农户家庭现金收入总额以及人均现金收入均保持相对较稳定的增长速度。

第5章

北京、上海、天津和广州4市农户家庭现金收入对比分析

5.1 北京、上海、天津和广州4市农村基本情况比较分析

据统计，截至2014年，北京、上海、天津和广州4市面积分别为16807.8平方公里、6340.5平方公里、11760.3平方公里和7434.4平方公里；截至2014年，4市常住总人口分别为2114.8万人、2301.9万人、1516.9万人和1308.1万人，其中4市农村人口占总人口的比例分别为13.7%、10.7%、19.5%和9.04%。因此，4市中国土面积最大的为北京市，国土面积最小的为上海市；常住总人口最多的为上海市，最少的为广州市；农村人口所占比例最高的为天津市，比例最低的为广州市（见表5－1）。

表5－1　　北京、上海、天津和广州4市农户基本情况

项目		2009年	2010年	2011年	2012年	2013年	2014年	6年平均	年平均增长率（%）
北京	农业人口数（万人）	273.9	268.3	264.2	258.2	251.4	243.6	259.9	－2.32
	农户户均人口数（人）	2.35	2.31	2.30	2.28	2.28	2.27	2.30	－0.70
上海	农业人口数（万人）	164.5	157.4	151.6	146.1	142.8	139.2	150.3	－3.29
	农户户均人口数（人）	2.76	2.73	2.71	2.73	2.71	2.69	2.72	－0.52

续表

项目		2009年	2010年	2011年	2012年	2013年	2014年	6年平均	年平均增长率（%）
天津	农业人口数（万人）	381.3	380.4	382.5	376.8	371.7	371.6	377.4	-0.52
	农户户均人口数（人）	3.10	3.06	3.05	3.04	3.03	3.02	3.05	-0.53
广州	农业人口数（万人）	80.61	82.09	80.67	78.26	79.23	76.13	79.49	-1.14
	农户户均人口数（人）	3.23	3.20	3.15	3.11	3.08	3.05	3.13	-1.15

注：数据来源于 4 市统计年鉴公布的数据（2010～2015）。

（1）4 市农业总人口数量均呈现出不同程度的下降趋势。截至 2014 年底，4 市农业总人口数量最多的为天津市（371.6 万人），农业人口数量最少的为广州市（76.13 万人）；农业总人口数量下降幅度最大的为上海市，6 年间年平均下降 3.29%，下降幅度最小的为天津市，年平均下降幅度仅为 0.52%。

（2）4 市农户家庭户均人口数量也呈现出同步下降的趋势。截至 2014 年底，4 市农户家庭户均人口数量最大的为广州市（3.05 人），户均人口数量最小的为北京市（2.30 人）；农户家庭户均人口数量下降幅度最大的为广州市，6 年间年平均下降幅度为 1.15%，而户均人口数量下降最小的为上海市，年平均下降幅度为 0.52%。

5.2　北京、上海、天津和广州 4 市农村居民纯收入增长比较

根据《中国统计年鉴》及各省（区）公布的统计年鉴相关数据，农村居民收入最初定义为纯收入（经营性纯收入、工资性纯收入、财产性纯收入和转移性纯收入），后经不断调整，目前该项核算指标已经演变为人均纯收入。随着经济和社会的快速发展，北京、上海、天津和广州 4 市农村居民家庭人均纯收入或户均家庭纯收入均呈现出较快的增长态势。

伴随着改革开放逐步推进，特别自进入 21 世纪以来，广州经济社会发展迈

入崭新的历史时期。据统计，广州市国内生产总值（GDP）由2000年的2383亿元（当年价）快速增长到2015年18101亿元（当年价），年平均增长率14.47%（当年价），与此同时，北京、上海和天津3市经济年平均增长率分别为16.06%（当年价）、12.02%（当年价）和16.66%（当年价）；广州与北京、上海两市经济总量之间的差距逐年缩小，与天津市经济总量呈现出逐年扩大的趋势，其中，2000～2014年，广州市年平均经济总量分别为北京、上海和天津3市同期经济总量的77.62%、67.27%和110.36%，并且持续23年保持在全国所有城市经济总量排名第三名的位置，广州市经济快速发展对广东全省经济增长做出了重要的贡献，其中，2015年广州市经济对全省经济增长的贡献率超过24%。另据统计，2014年广州市全年城市常住居民家庭人均纯收入42955元，同比增长8.9%，农村常住居民家庭人均纯收入17663元，同比增长10.3%，农村居民人均纯收入增长速度快于同期城市居民人均纯收入增长幅度（见表5－2）。

表5－2　　北京、上海、天津和广州4市GDP（当年价）情况　　单位：亿元

	2000年	2009年	2010年	2011年	2012年	2013年	2014年	2015年
北京	2460（11.0）	12153（10.2）	14114（10.3）	16252（8.1）	17879（7.7）	19801（7.7）	21331（7.3）	22969（6.9）
上海	4551（10.8）	15046（8.2）	17166（10.3）	19196（8.2）	20182（7.5）	21818（7.7）	23568（7.0）	24965（6.9）
天津	1639（10.8）	7522（16.5）	9224（17.4）	11307（16.4）	12894（13.8）	14442（12.5）	15727（10.0）	16538（9.3）
广州	2383（13.6）	9138（11.7）	10748（13.2）	12423（11.3）	13551（10.5）	15497（11.6）	16707（8.6）	18101（8.4）

注：（1）表中的数据来源于《中国统计年鉴》（2001～2015）和《广州市统计年鉴》（2001～2015），部分数据来源于网站。（2）表中括号里的数据为相应省（市）经济增长率（%），该数据为可比价。

另据统计，目前，我国农村居民家庭收入一般可划分为“低收入户”“中等偏下收入户”“中等收入户”“中等偏上收入户”和“高收入户”五类。若以广州市农村居民家庭收入而言，2014年高收入户全年总收入和人均可支配收入分别为39036.30元和32378.62元，而与之相对的低收入户对应数值分别为12744.28元和8872.17元，两者差距较大。为了消除居民家庭户均纯收入增长的波动性，因此，我们对北京、上海、天津和广州4市农村居民家庭户均收入选用总平均值作比较（见表5－3）。

表 5－3　4 市农村居民家庭人均纯收入统计　　单位：元

项目		2009 年	2010 年	2011 年	2012 年	2013 年	2014 年	平均增长率（%）
北京	家庭经营纯收入	1720	1857	1363	1318	833	867	－12.81
	工资性纯收入	7274	8007	9579	10844	12035	13072	12.44
	财产性纯收入	1402	1590	1537	1716	2024	2452	11.83
	转移性纯收入	1590	1808	2257	2598	3446	3835	19.25
	人均纯收入	11986	13262	14736	16476	18338	20226	11.03
	户均纯收入	28167	30635	33893	37565	41809	45913	10.27
上海	家庭经营纯收入	590	589	877	905	920	1035	11.90
	工资性纯收入	8721	9606	10493	11496	12378	13430	9.02
	财产性纯收入	3013	3551	4274	5000	5910	6727	17.43
	转移性纯收入							
	人均纯收入	12324	13746	15644	17401	19208	21192	11.45
	户均纯收入	34014	37527	42395	47504	52054	57007	10.88
天津	家庭经营纯收入	4039	4277	3908	4126	4404	4791	3.47
	工资性纯收入	5768	6401	6829	7922	8898	9941	11.50
	财产性纯收入	868	1123	730	920	694	799	3.06
	转移性纯收入			424	603	1357	1483	51.79
	人均纯收入	10675	11801	11891	13571	15353	17014	9.77
	户均纯收入	33093	36111	36268	41256	46519	51382	9.19

续表

项目		2009 年	2010 年	2011 年	2012 年	2013 年	2014 年	平均增长率（%）
广州	家庭经营纯收入	1874	2050	2166	2306	2556	2657	7.23
	工资性纯收入	6773	7776	9274	10385	11305	12531	13.09
	财产性纯收入	1812	2218	2630	3202	3736	3645	15.00
	转移性纯收入	608	632	748	896	1290	829	6.40
	人均纯收入	11067	12676	14818	16789	18887	19663	12.18
	户均纯收入	35745	40562	46676	52212	58172	59969	10.90

注：资料来源于各省（市）相关年份统计年鉴公布的数据，并加以整理。

5.2.1　四市农村居民家庭人均纯收入

第一，从绝对值来看。截至2014年底，上海市农村居民家庭人均纯收入最高，达21192元，其次为北京市，达20226元，而人均纯收入最低的为天津市，达19663元，北京市人均纯收入为天津同期的1.078倍。

第二，从增长速度来看。2009～2014年的6年期限，广州市农村居民家庭人均纯收入增长速度最高，达12.18%，其次为上海市（11.45%），而增长速度最低的为天津市，其居民人均纯收入增长率为9.77%，广州市人均纯收入较天津同期增长率高出2.41个百分点。

5.2.2　四市农村居民家庭户均纯收入

第一，从绝对值来看。截至2014年底，广州市农村居民家庭户均纯收入最高，达59969元，其次为上海市（57007元），户均纯收入最低的为北京，户均纯收入为45913元，因此，广州市农村居民家庭户均纯收入为北京市农村居民家庭户均纯收入同期的1.306倍。

第二，从增长速度来看。2009～2014年的6年期间，广州市农村居民家庭户均纯收入增长速度最高，达10.90%，其次为上海市，年均增长速度为10.88%；而增长速度最低的为天津，其家庭户均纯收入增长率为9.19%。因此，广州市农村居民家庭户均纯收入增长幅度较天津农村居民家庭户均纯收入同期高出1.71个百分点。

5.2.3　四市农村居民家庭人均纯收入结构分析

第一，农户家庭人均经营纯收入中，2009～2014年间4市人均经营纯收入增长幅度最高的为上海市，年平均增长率为11.90%，其次为广州市，年平均增长率为7.23%；而北京市农户家庭人均经营收入却出现较大幅度的下降，年平均下降幅度达12.81%。

第二，农户家庭工资性纯收入中，2009～2014年间4市人均工资性收入增长幅度最高的为广州市，年平均增长率达13.09%，其次为北京市，年平均增长率达12.44%；而人均工资性收入增长幅度最慢的为上海市，年平均增长率为9.02%。

第三，农户家庭财产性收入中，2009～2014 年间 4 市人均财产性收入增长幅度最高的为上海市，年平均增长率为 17.43%，其次为北京市，年平均增长率为 11.83%；而财产性收入增长幅度最低的为天津市，年增长率仅为 3.06%。

第四，农户家庭转移性收入中，2009～2014 年间 4 市人均转移性收入增长幅度最高的为天津市，年平均达 51.79%，其次为北京市，年平均增长率为 19.25%；而转移性收入增长幅度为低的为广州市，年均增长幅度仅为 6.40%。

5.3 广州市农村居民家庭样本调查情况

结合对广州市 7 区（市）的 2009～2014 年抽样调查，其实更准确地说是整群抽样，因为本次调查主要采用针对整个自然村所做的调查。我们对其进行必要的汇总和处理，其结果见表 5－4。

表 5－4 广州市农村居民家庭现金收入抽样调查数据统计

项目	2009 年	2010 年	2011 年	2012 年	2013 年	2014 年
1. 家庭经营收入（元）	8960862	12104370	12196715	12654513	9203596	13451184
2. 工资性收入（元）	4142001	5780267	6575212	7362956	8618587	9772870
3. 财产性收入（元）	644488	1416848	1197378	1220065	1226050	1761671
4. 转移性收入（元）	345040	489337	579078	774599	1066901	982404
现金收入合计（元）	14092391	19808422	20548383	22091187	20094434	25968129
人均现金收入（元）	7495.95	10943.90	11308.90	12645.30	11182.20	14547.90
全年人均现金收入（元）	11243.91	16415.85	16963.35	18967.95	16773.30	21821.85
全年户均现金收入（元）	52846.40	74692.20	78031.40	84786.80	76318.70	96452.60
调查农户户数（户）	400	398	395	391	395	400
调查人口数（人）	1880	1810	1817	1747	1797	1785
户均人数（人/户）	4.70	4.55	4.60	4.47	4.55	4.42
户均现金收入（元）	35230.90	49794.80	52020.90	56524.50	50879.10	64301.70
全年户均可支配收入（元）	52846.40	74692.20	78031.40	84786.80	76318.70	96452.60
全年户均可支配收入（元）	61654.10	87140.90	91036.60	98917.90	89038.40	112527.90

注：户均现金收入为半年调查数据，需要折算成全年的数据，遵循科学性和可行性原则，一般将全年农户家庭现金收入换算为：全年户均现金可支配收入＝半年户均现金收入×1.50

由于表 5 －4 是全部总量指标，为了更好地了解广州市农户家庭人均现金收入结构及其增长情况，我们还对表 5 －4 进行了相应的处理，最终可得到广州市农村农村居民家庭人均现金收入及其增长情况（见表 5 －5）。

表 5 －5　2009 ~2014 年广州市样本农村居民家庭人均（户均）纯收入统计　单位：元

项目	2009 年	2010 年	2011 年	2012 年	2013 年	2014 年	平均增长率（%）
家庭经营性收入	22402（63. 6）	30413（61. 2）	30878（59. 4）	32365（57. 5）	23300（45. 8）	33628（51. 8）	8. 46（56. 52）
工资性收入	10355（29. 4）	14523（29. 2）	16646（31. 9）	18831（33. 4）	21819（42. 8）	24432（37. 6）	18. 73（34. 09）
财产性收入	1611（4. 6）	3559（7. 2）	3031（5. 8）	3120（5. 5）	3104（6. 1）	4404（6. 8）	22. 28（5. 99）
转移性收入	863（2. 4）	1229（2. 5）	1466（2. 8）	1981（3. 5）	2701（5. 3）	2456（3. 8）	23. 27（3. 39）
半年人均现金收入	7496	10944	11309	12645	11182	7496	14. 18
全年人均现金收入	14992	21888	22618	25291	22364	29096	14. 18
全年人均纯收入	11994	17510	18094	20232	17892	23277	14. 18
全年户均纯收入	56372	79671	83232	90437	81409	102884	12. 79

注：（1）户均现金收入为半年调查数据，需要折算成全年的数据；另外，农村居民家庭人均纯收入需要将家庭经营收入扣除生产经营成本及其他相关费用支出。（2）遵循科学性、可行性和简便性原则，研究中对农户家庭现金收入进行了换算：全年户均纯收入 = 全年户均现金收入 ×0. 80。（3）样本农村家庭人均纯收入结构中括号内的数据为其占总收入比重（%）。

5. 3. 1　广州市样本农户家庭现金收入增长情况

第一，农村家庭人均现金收入增长情况。除 2013 年调查数据出现异常值之处，样本农村居民家庭全年人均纯收入呈现出逐年增长的良好趋势，居民家庭人均纯收入由 2009 年 11244 元增长到 2014 年 21822 元，年平均增长率达

14.18%，无论从绝对值还是增长率，因此，广州市农村居民家庭人均纯收入均高于同期北京、上海和天津3市统计年鉴公布的数据，也高于广州市统计年鉴公布的数据（见表5－5所示）。

第二，农村家庭户均现金收入增长情况。除2013年调查数据出现异常值之处，样本农村居民家庭户均纯收入由2009年56372元增长到2014年102884元，年平均增长率达12.79%，因此，农村居民家庭户均纯收入均高于同期北京、上海和天津3市统计年鉴公布的数据，也高于广州市统计年鉴公布的数据（见表5－5）。

5.3.2 广州市样本农户家庭纯收入结构演变趋势分析

第一，农村居民家庭人均纯收入结构变化。由表5－5所列的调查数据可知，2009～2014年，构成广州市样本农户家庭人均纯收入结构4项因素中，转移性收入年平均增长幅度最高，达23.27%，其次为财产性收入（22.28%），增长幅度最低的为家庭经营收入，年均增长幅度仅为8.46%。由此可以预计，伴随广州市经济社会快速发展，转移性收入和财产性将在广州市未来农村居民家庭人均纯收入中将保持较大幅度的增长趋势。

第二，农村居民家庭人均纯收入比重变化。由表5－5所列的调查数据可知，2009～2014年，在构成广州市样本农户家庭人均纯收入结构4项因素中，家庭经营收入在人均总收入结构中表现出较大幅度振幅变化，但年平均值仍然高达56.52%，并随着时间的推移呈现出一定幅度的下降趋势；其次，在总收入结构占比的为工资性收入，年平均值达34.09%，并呈现出稳定的增长趋势。而财产性收入和转移性收入在农村居民家庭人均纯收入结构所占的比重均表现出较大幅度的增长，所占比重保持稳定的增长态势。

第 6 章

农户家庭现金收入增长的影响因素分析

6.1 农户家庭现金收入增长的理论分析

古典经济学和新古典经济学的收入分配理论认为，收入根据其性质和来源可以分为利润、工资和地租三类型，而这三种类型的收入则分别来自资本的投入、劳动力的付出和土地的使用。其中投入的资本产生的收入称为利润，付出劳动获得的收入称为工资，而提供土地获得的收入称为地租。

古典经济学和新古典经济学关于收入分配问题理论的研究和阐述对于研究我国农户收入的影响因素问题有很大的参考价值。首先，改革开放以后，我国农村实行家庭联产承包责任制，农民由人民公社的集体劳动方式转变为以户为单位的家庭劳动模式，农民从农业生产获取相应的收入。其次，随着农业生产效率的提高，农业生产本身容纳不了全部农村劳动力，于是农村出现劳动力剩余现象；同时，城镇的发展创造了大量的非农就业机会，农民非农就业的预期收入提高，大量劳动力采用家庭经营第二、第三产业或者外出务工等方式，农民逐步从传统农业生产部门向现代化的非农业生产部门流动，从而获取工资性收入。据统计，2015 年中国外出农民工 1.68 亿人，平均工资 2864 元（中国商情网，2015.2.28）。第三，伴随着农民外出务工数量的增加，土地经营权流转加快，特别在经济社会快速发展的历史进程，农户承包地被政府征用，农户可以获取相应承包经营权收益以及土地补偿款，农户获得的财产权收益增加。最后，尽管改革开放以后，我国农业得到了较快的发展，但农业仍然是一种弱质产业，需要得到政府的大力支持。政府改变传统的补贴方式，由补贴消费者转变为补贴生产者，其中，补贴涉类别涉及种粮补贴、农资综合补贴、良种补贴、农机购置等诸多领域，补贴范围越来越广、补贴力度越来越大。据统计，2015 年仅种粮直补、农资综合补贴和良种补贴三项累计补贴金额到 1415 亿元，农户获取的转移性收入相应增多。

6.2 研究假说

6.2.1 经济增长水平与农民人均纯收入增长关系

我国农民收入呈现出区域性的差异，因为收入受到区域经济环境的影响，一般而言，经济环境较好的地区，则农户收入较高；反之，呈现出相反的态势因此，区域经济发展程度是影响农户收入的因素之一。假设 Y、Y_α、Y_n 分别代表农民收入、农业收入和非农业收入，那么，

$$Y = Y_\alpha + Y_n \tag{6.1}$$

令 α_a、α_n 分别代农业收入和非农业收入占农民总收入的比例，对农民收入公式（6.1）全微分后两边除以 Y，则得到农民收入增长等式：

$$g_Y = \alpha_a \times g_a + \alpha_n \times g_n \tag{6.2}$$

其中，g_Y、g_a、g_n 分别代表农民收入增长率、农业收入增长率和非农业收入增长率。可见，农业收入和非农业收入增长，以及它们的相对权重决定了农民收入增长趋势。当农业收入所占的比重较大时，即使农业收入增长较慢，但它对农民收入增长的贡献作用仍然较大；然而，一个特殊的例子是当非农业收入比重为零时，农民收入增长则完全取决农业收入增长的态势。随着经济转型和经济发展，各类经济组织变得更加活跃，获利的空间逐步拓宽，其参与市场竞争的机会越来越多，助推经济组织扩大投资规模的动机变得更加强烈，从而吸纳包括农村剩余劳动力在内的就业机会增多，兼业农户的出现和非农就业机会相应增加，非农业收入占农户的收入比重不断提高，非农业收入增长对农民收入增长就起到决定性的作用，农民收入呈现同步增长的态势。

假说 1：经济增长带来市场发展的机会，从而推动着各类不同经济组织扩大投资规模的动机并创造出诸多就业机会，农民就业机会相应增多，经济增长与农民人均纯收入增长之间存在着正相关关系。

6.2.2　城镇化发展水平与农民人均纯收入增长关系

城镇化的过程实际上是各类生产要素逐步朝城镇集聚的过程。首先，城镇化发展可以优化农村资源配置，有利于农民开展土地适度规模经营，提高农民家庭经营性收入；其次，城镇化有利于推进当地第二、第三产业的发展，能够吸纳大量农村剩余劳动力，可以促进农村富余劳动力向城镇转移，为农民创造非农就业机会，农民工资性收入增加；第三，城镇化发展可以提高农民的财产性收入和转移性收入，其中，城镇化过程中所产生的土地增值收益成为财产性收入的重要来源；第四，城镇化也有利于增加农民转移性收入，而工业化和城镇化的快速发展反过来作用于“以工代农、以城代乡”的发展机制，为农民收入稳定增长创造了良好的外部环境。

假说2：城镇化发展加速推进各类生产要素的集聚，有利于劳动、土地、资本和信息等各类生产要素的进一步优化，为农民财产性收入和工资性收入增长提供了良好的外部环境，城镇化发展水平与农民人均纯收入增长之间存在着正相关关系。

6.2.3　财政支持农业投资支出与农民人均纯收入增长关系

按照经济学相关理论可知，财政支持“三农”发展支出与农民收入增长之间存在着替代和互补关系。从全世界范围来看，农业生产天然具有弱质性和外溢性等特征，农村副业的发展也需要依赖于电力、道路等公共基础设施的完善。财政作为宏观调控手段所提供的价格支持或大量资金投入有助于加强农村基础设施和完善社会保障体系建设，能够直接降低农户生产成本，夯实农民收入持续增长的基础，继而起着促进农民收入持续增加（唐朱晶，吕彬彬，2007），从而发挥着互补性作用，不过各项财政农业支出在促进农民收入增长中的贡献度和影响力有着显著差异性，并存在着一定的滞后性（汪海洋等，2014）。但是，有时二者又可能存在着替代关系，即扩大财政支农支出会对农民收入增长产生挤出效应，即政府投资挤占私人投资的机会，从而起着降低农民收入增长的负向作用。

假说3：财政支农支出可以快速推进农村基础设施和社会保障体系建设，进一步优化农村发展环境，提升农产品流通效率，有效降低农户从事农业生产经营成本，财政支农支出与农民人均纯收入增长之间存在着正相关关系。

6.2.4　农民受教育水平与人均纯收入关系

舒尔茨首次明确提出了人力资本的概念，将其反映为人的经济价值提高的能力（Schultz，1987；舒尔茨，2002），而教育、健康、培训和迁徙构成了人力资本的重要内容（贝克尔，1987；舒尔茨，1999、2002），但是，在很长一段时间内，关于人力资本的研究主要集中于教育（Mincer，1974；Lucas，1988；Barro & Lee，1993；Romer，1994）。阿德尔曼和莫里斯（Adelman & Morris，1973）选取了43个国家中等教育入学率和高等教育入学率进行了实证研究，发现教育水平提高对收入分配有显著影响，教育水平的提高对低收入群体有显著的正效应；潭尼森（Denison，1985）认为教育是生产中人力资本因素的一个组成部分，个体受教育水平提高其相应收入就越高；提拉克（Tilak，1989）研究发现，教育因素对各收入水平人口的收入都存在着显著的影响。提高农村居民人力资本的投资水平对构筑农民收入增长的长效机制、增强农民自生能力起到至关重要的作用，受过良好教育的农民“一旦有了投资机会和有效的刺激，将会点石成金”（舒尔茨，1999），不过，人力资本投资的收益周期非常长，传导机制比较复杂。如果说20世纪80年代初期我国农民持续增收主要靠的是农村家庭承包责任制对农业生产力潜力释放的话，随着潜力释放逐渐减弱，今后我国农民持续增收需要各种措施的协调配合，其中最为关键的是大幅度提高农民受教育程度（陈贤银，2004）。

假说4：农民人力资本数量越多，应对市场竞争能力越强，农民选择非农就业的机会就越多，从非农领域取得的收入相应增多，农民人均纯收入增长就越快，农民受教育水平与人均纯收入增长之间存在着正向相关关系。

6.3　计量经济模型介绍

6.3.1　微观计量研究回顾

詹姆斯·赫克曼（Heckman）与丹尼尔.麦克法登（McFadden）两位美国经济学因对微观计量经济学的发展做出了显著贡献而荣获2000年度诺贝尔经济学奖。赫克曼（Heckman，1974）首先假设效用最大化，构建基于选择性数据的劳动力供给模型，将生活中极为普遍的如就业、婚姻、移民等问题进行数量化分析，并使用劳动力供给模型研究已婚妇女的选择性偏差，从而提出了两阶段法用来处理选择性偏差问题。赫克曼（Heckman，2001）把政策评价、处理效应和工具变量估计统一起来对个体的教育回报进行了估计。麦克法登的贡献主要在于他对分析离散抉择分析，是指个人在有限可能中做出抉择的行为分析，在提出用于估计离散选择行为的条件逻辑单位模型之后，又构建了嵌套的多变量逻辑单位、一般极值模型、混合逻辑单位模型和多变量概率单位模型，并使用这些模型对城市旅行需求、居民用电需求、老年人的家庭服务需求和损害自然资源造成的社会福利损失进行了分析。

随着对外开放，国内学者翻译与介绍微观计量经济理论，相继出版了《高等计量经济学》（李子奈）、《微观计量经济学要义——问题与方法探讨》（林少宫，2003）、《面板数据的计量分析》（白仲林，2009），等等。此外，近年来，面板数据（Panel Data）模型理论研究及其应用发展较快。任燕燕、卞瑞玲（2002）从模型的设定，模型特点，基本估计方法角度对 Panel Data 模型进行了介绍；叶阿忠（2002）对 Panel Data 模型的设定和估计进行了探究；孙凤（2002）对消费者行为的 Panel Data 模型进行了数量分析；戴洁（2003）采用 Panel Data 模型对限价委托单薄状态与股票价格变化之间的变化规律问题进行研究；吴晨（2011）运用 Panel Data 模型测度我国上市商业银行效率值及其变化趋势。微观计量经济研究的另一个重要研究领域是离散选择模型以及非参数和半参数模型估计。使用微观计量经济方法对我国农民收入问题进行研究的成果并不多，农民收入微观数据获得困难是其中一个重要的原因，然而，高梦滔、姚洋（2005）使用入户调查数据研究了大病冲击对农户人均纯收入的影响，研究发现大病冲击使患病户人均纯收入造成显著的负面影响并可持续大约 15 年，而且大病冲击对于中低收入农户的影响更为严重。

6.3.2　微观计量理论模型

（1）微观计量经济模型。由于研究对象是个人、单个家庭或者厂商等个体单位，反映这些微观单位的经济行为，并且，通常情况下微观指标选择和数据收集过程中常常会出现有些变量不可观测，有些变量是离散变量或者得到的数据有截断，为了提高这些数据的利用效果，因此，发展出了微观计量理论模型。通常而言，微观计量模型可分为面板数据线性回归模型、离散选择模型和受限被解释变量模型三大类。

（2）面板数据线性回归模型。面板数据计量模型是社会和经济问题研究中具有最重要价值的一类数据模型，它不仅可以同时利用截面数据和时间序列数据建立计量模型，而且它能更好地识别和度量单纯的时间序列模型和单纯截面数据模型所不能发现的影响因素，能够构造和检验更复杂的行为模型。因此，面板数据模型所在很多领域有很好的应用前景。

类似于时间序列分析，用面板数据不仅可以建立静态计量模型，而且也可以建立动态计量模型。面板数据的静态模型通常有六大类：即混合模型、固定效应模型、随机效应模型、确定系数面板数据模型、随机系数模型和平均数据模型。

面板数据回归模型的一般形式：

$$y_{it} = \sum_{k=1}^{K} \beta_{ki} x_{kit} + \mu_{it} \tag{6.3}$$

其中，$i=1, 2, \cdots, N$，表示 N 个个体；$t=1, 2, \cdots, T$ 表示已知的 T 个时点。y_{it}是被解释变量对个体 i 在 t 时的观测值；x_{kit}是第 k 个非随机解释变量对于个体 i 在 t 时的观测值；β_{ki}是待估计的参数；μ_{it}是随机误差项。用矩阵表示为

$$Y_i = X_i\beta_i + U_i \quad (i=1, 2, \cdots, N) \tag{6.4}$$

其中：

$$Y_i = \begin{bmatrix} y_{i1} \\ y_{i2} \\ \vdots \\ y_{iT} \end{bmatrix}_{T\times 1}, \quad X_i = \begin{bmatrix} x_{1i1}, & x_{2i1}, & \cdots, & x_{Ki1} \\ x_{1i2}, & x_{2i2}, & \cdots, & x_{Ki2} \\ \vdots & & & \\ x_{1iT}, & x_{2iT}, & \cdots, & x_{KiT} \end{bmatrix}_{T\times K}, \quad \beta_i = \begin{bmatrix} \beta_{1i} \\ \beta_{2i} \\ \vdots \\ \beta_{Ki} \end{bmatrix}_{K\times 1}, \quad U_i = \begin{bmatrix} u_{i1} \\ u_{i2} \\ \vdots \\ u_{iT} \end{bmatrix}_{T\times 1} \tag{6.5}$$

6.4　农村居民人均纯收入增长的实证分析

6.4.1　指标选取及其含义

为了全面深入分析影响农户家庭人均纯收入增长的相关因素，并且遵循数据可获得性原则以及所选用的数据资料能够满足建立计量经济学模型的需要，

经课题组研究成员多次研讨，最终考虑建立包括北京、上海、天津和广州4市农户家庭人均纯收入增长影响因素的计量模型，其中，解释变量包括经济增长率 X_{1t}（%）、城镇化率 X_{2t}（%）、财政支农资金增长率 X_{3t}（%）、农民受教育程度 X_{4t}（年），而被解释变量为农民人均纯收入增长率 Y_t（%）。各变量的含义及其表现形式见表6－1。

表6－1　影响农民人均纯收入增长因素的相关变量及其说明

项目		名称	含义
被解释变量		y_{it}	人均纯收入增长率（%），当年价计算
解释变量	经济增长率	x_{1t}	当地国内生产总值（GDP）增长率（%），可比价计算
	城镇化率	x_{2t}	城镇人口数量/全部总人口数量（%）
	财政支农支出增长率	x_{3t}	财政用于农林水务投资支出额增长率（%）
	农民受教育水平	x_{4t}	当年参与调查的农民受教育年限（年）

6.4.2　数据来源

所有变量的数据均来自4个城市公布的统计年鉴数据，数据选择时间为2008～2014年，见表6－2、表6－3、表6－4和表6－5。

表6－2　北京市相关年份农村居民人均纯收入增长的相关数据（2008～2014年）

单位：%/年

年份	Y_t	X_{1t}	X_{2t}	X_{3t}	X_{4t}
2008	12.4281	9.01	84.91	18.78841	10.221
2009	11.53	10.2	85.01	16.62	10.407
2010	10.65	10.3	85.95	11.71	10.467
2011	11.11	8.1	86.2	18.09	10.407
2012	11.8	7.7	86.2	18.87	10.473
2013	11.3	7.7	86.3	33.65	10.536
2014	10.3	7.3	86.4	15.47	10.59

表 6－3　上海市相关年份农村居民人均纯收入增长的相关数据（2008～2014 年）

单位：%/年

年份	Y_t	X_{1t}	X_{2t}	X_{3t}	X_{4t}
2008	11. 3774	15. 2	87. 5	27. 63	9. 807
2009	8. 25	8. 2	88. 3	22. 32	9. 975
2010	11. 54	10. 3	88. 9	－21. 07	9. 948
2011	13. 81	8. 2	89. 3	21. 84	9. 207
2012	11. 23	7. 5	89. 8	8. 31	9. 366
2013	10. 38	7. 7	90. 01	13. 62	9. 549
2014	10. 33	7	90. 3	12. 41	9. 678

表 6－4　天津市相关年份农村居民人均纯收入增长的相关数据（2008～2014 年）

单位：%/年

年份	Y_t	X_{1t}	X_{2t}	X_{3t}	X_{4t}
2008	10. 4891	16. 5	60. 72	43. 8317	8. 997
2009	10. 39	16. 5	61. 1	75. 64	9. 06
2010	10. 55	17. 4	61. 4	5. 42	8. 94
2011	7. 49	16. 4	61. 61	36. 69	8. 949
2012	6. 98	13. 8	62. 06	10. 02	9. 039
2013	13. 13	12. 5	62. 97	21. 84	9. 078
2014	10. 82	10	82. 64	18. 88	9. 117

表 6－5　广州市相关年份农村居民人均纯收入增长的相关数据（2008～2014 年）

单位：%/年

年份	Y_t	X_{1t}	X_{2t}	X_{3t}	X_{4t}
2008	14. 1101	12. 5	90. 25	13. 2778	8. 751
2009	12. 6	11. 7	89. 49	7. 98	8. 871
2010	14. 54	13. 2	89. 58	8. 47	8. 943
2011	16. 89	11. 3	89. 89	49. 69	8. 778
2012	13. 3	10. 5	90. 48	9. 07	8. 877
2013	12. 5	11. 6	90. 48	15. 97	8. 916
2014	9. 4	8. 6	90. 96	－26. 59	9. 006

6.4.3　农村居民人均纯收入增长的实证分析

6.4.3.1　面板数据模型设定

本书只选择北京、上海、天津和广州 4 市 2008 ~ 2014 年涉及农民人均纯收入增长相关的统计数据，由于所选取的变量为时间序列与横截面相结合的数据，这种具有时间、个体、指标三维信息的数据较适合采用面板数据模型。如果解释变量对被解释变量的效应不随个体和时间的变化而变化，并且解释变量的信息不够完整，即解释变量中不包含一些影响被解释变量的不可观测的确定性因素时，可以建立固定效应面板数据模型（白仲林，2009）。该类模型显著性特征是对于不同的时间序列或不同的截面，其所建立的计量模型中解释变量前的系数保持不变，只有模型中的截距项随个体或时间的变化而变化。通常情况下，固定效应模型又进一步划分为个体固定效应模型（entity fixed effects regression model）、时点固定效应模型（time fixed effects regression model）和时点个体固定效应模型（time and entity fixed effects regression model）三种类型。综合考虑后本项研究选择个体固定效应面板数据回归模型，其模型的一般形式为：

$$y_{it} = \alpha_{it} + \beta'_{it}x'_{it} + \mu_{it} \quad (i=1, 2, \cdots, N; t=1, 2, \cdots, T) \tag{6.6}$$

式（6.6）中，α_{it}为常数项；$x'_{it} = (x_{1it}, x_{2it}, \cdots, x_{Kit})$为解释变量，$\beta'_{it} = (\beta_{1it}, \beta_{2it}, \cdots, \beta_{Kit})$为参数向量，$K$为解释变量总数；$N$为截面单位总数；$T$是时间总数；$\mu_{it}$为随机扰动项，相互独立且满足均值为零、同方差的分布。这里的α_{it}、β'_{it}包含了时间和截面效应，α_{it}可进一步再分解成总体效应与个体效应之和，即：

$$\alpha_{it} = \alpha + \delta_i + \eta_t \tag{6.7}$$

式（6.7）中，α表示总体效应，δ_i表示截面效应，η_t表示时间效应，它们在一起构成个体效应。结合上述 4 市不同时期历史数据，初步可建立起时点固定效应模型：

$$y_{it} = \eta_t + \beta_1 \times x_{1it} + \beta_2 \times x_{2it} + \beta_3 \times x_{3it} + \beta_4 \times x_{4it} + \mu_{it}$$
$$(i=1, 2, 3, 4; t=2008, 2009, 2010, 2011, 2012, 2013, 2014) \tag{6.8}$$

式（6.8）中，y_{it}为被解释变量，表示 4 市农民人均纯收入增长率（%），η_t代表截面单元的时点特性，反映模型中 4 市农民纯收入增长的时点差异性特征；而$\beta'_i=(\beta_1, \beta_2, \beta_3, \beta_4)$表示模型待估计的参数；$x_{1t}$为经济增长率（%），$x_{2t}$为城镇化率（%），$x_{3t}$为财政支持“三农”投资支出增长率（%），考虑到数据可获得性原则，模型中仅用财政用于农林水务领域的投资增长率；x_{4t}为农民接受教育程度（年）；β为4×1向量，μ_{it}为随机扰动项，并且满足$u_{it}\sim N(0, \sigma^2)$。

6.4.3.2 面板数据单位根检验

如果直接对面板数据进行回归，则很可能造成伪回归的问题，从而影响到实证分析结果的准确性，因此必须对面板数据进行单位根检验和协整检验。通常而言，单位根检验主要包括五种检验方法：LLC（Levin, Lin and Chu t*）检验、IPS（Im, Pesaran and Shin W－stat）检验、ADF（ADF－Fisher Chi－square）检验和PP（PP－Fisher Chi－square）检验，其中，LLC检验假设面板数据中各截面序列具有相同单位根过程，而IPS检验和Fisher检验是假设面板数据中各截面序列具有不同单位根过程。检验过程中最大滞后期主要根据SIC准则选取的。由表6－6可知各变量都存在单位根，且满足$I(-1)$，说明它们都是平衡的数据。

表6－6　　面板数据单位根检验结果（含截距和趋势项）

检验方法	Levin, Lin and Chu t*		Im, Pesaran and Shin W－stat		ADF－Fisher Chi-square		PP－Fisher Chi-square	
变量	统计量	伴随概率	统计量	伴随概率	统计量	伴随概率	统计量	伴随概率
Y	－5.546	0.000	－1.967	0.025	19.485	0.013	28.078	0.000
ΔY	－4.292	0.000	－1.967	0.025	19.485	0.013	28.078	0.000
X_1	－5.978	0.000	－0.982	0.163	16.413	0.037	7.475	0.486
ΔX_1	－7.636	0.000	－4.228	0.000	31.703	0.000	40.113	0.000
X_2	－7.085	0.000	－0.406	0.342	11.653	0.167	26.437	0.000
ΔX_2	－7.385	0.000	3.512	0.006	17.663	0.008	27.315	0.000
X_3	－4.022	0.000	－0.363	0.358	11.957	0.153	19.867	0.011
ΔX_3	－8.717	0.000	－3.727	0.000	30.408	0.000	40.087	0.000
X_4	－1.764	0.039	0.350	0.637	4.718	0.787	4.330	0.826
ΔX_4	－7.357	0.000	－1.748	0.040	17.568	0.025	17.291	0.027

6.4.3.3 面板数据协整检验

面板数据协整检验方法可以分为两大类：一类是原假设为不存在协整关系，使用类似 Engle - Granger 的平稳回归方程，从面板数据中得到残差构造统计量进行检验，如 Maddala - Wu - Fisher 的单个因素量联合检验的结果，获得对应于面板数据的检验统计量。由 ADF 值及伴随概率值（Prob.），我们可以得到，Y 和 X_1、X_2、X_3 和 X_4 变量之间在 1% 的显著水平上长期存在均衡协整关系，具体情况见表 6 - 7。

表 6 - 7　　面板协整 ADF 检验结果（Kao）检验

方法 标准	Alternative hypothesis: common AR coefs (within-dimension)		Alternative hypothesis: individual AR coefs between-dimension		
	Statistic	Prob		Statistic	Prob
Panel V - statistic	-1.2584	0.1807	—	—	—
Panel rho-statistic	1.6391	0.1041	Group rho-statistic	2.6029	0.0135
Panel pp-statistic	-3.1321	0.0030	Group pp-statistic	-2.8721	0.0065
Panel ADF - statistic	-2.0755	0.0403	Group DF - statistic	-1.8082	0.0778

6.4.3.4 面板数据模型实证结果

通过多次试算，本项研究最终选择无个体影响但具有时期加权固定效应面板数据模型。当以农村居收可支配收入增长率 y_{it}（%）为解释变量，而以经济增长率 X_{1it}（%）、城镇化率 X_{2it}（%）、财政支农资金增长率 X_{3it}（%）、农民受教育程度 X_{4it}（年）构建面板数据模型，计量结果见表 6 - 8。

从表 6 - 8 所得到的计量结果来看，虽然模型拟合的整体效果较好，但经济增长率（X_{1it}）和农户受教育程度（X_{4it}）两个解释变量前的系数却出现了负值，这种结果与客观事实存在着明显的不相符，因此，需要对模型作进一步处理。在剔除农民受教育程度这一不具有解释力的变量前提下，经过多次调试，最终建立时期加权（Weights: period weights）、时期固定效应模型（fixed effects: period）的面板计量模型，其重新得到的计量结果见表 6 - 9。

表 6－8　　滞后一期加权线性估计系数矩阵

变量	相关系数	标准误差	T 统计量	相伴概率（P）
常数项（C）	22. 3067	6. 4405	3. 4635	0. 0030
X_1	－0. 3166	0. 1424	－2. 2229	0. 0410
X_2	0. 1063	0. 0293	3. 6313	0. 0021
X_3	0. 0549	0. 0187	2. 9410	0. 0091
X_4	－1. 8105	0. 4559	－3. 9706	0. 0010
固定效应（Period）				
2008 － C	1. 0900			
2009 － C	－0. 8738			
2010 － C	2. 1802			
2011 － C	－0. 0209			
2012 － C	－0. 6292			
2013 － C	－0. 0478			
2014 － C	－1. 6985			
决定系数 $R^2=0.7684$，调整后的 $\bar{R}^2=0.6321$，$F-statistic=5.6389$，$D.W=2.1239$，$prob=0.0009$				

表 6－9　　滞后一期加权线性估计系数矩阵

变量	相关系数	标准误差	T 统计量
常数项（C）	－9. 8341	5. 1577	－1. 9067
X_1	0. 3759	0. 1498	2. 5095
X_2	0. 1966	0. 0444	4. 4315
X_3	0. 0497	0. 0112	4. 4507
固定效应（Period）			
2008 － C	－0. 2471		
2009 － C	－1. 2964		
2010 － C	0. 7692		
2011 － C	0. 3816		
2012 － C	0. 2249		
2013 － C	0. 6832		
2014 － C	－0. 5154		
决定系数 $R^2=0.6954$，调整后的 $\bar{R}^2=0.5432$，$F-statistic=4.5668$，$D.W=1.5189$，$prob=0.0029$			

对照表 6－9 所得到的计量结果，我们可以得到以下的几项结论：

第一，从所得到的面板模型计量结果来看，模型整体拟合的效果较好，经加权统计后得到，$R^2 = 0.6954$，$D.W = 1.8085$，$Prob = 0.0029$，$F = 4.5668$，而且 $F(T-1, T(N-1)-K+1) = F_{0.05}(3, 26) = 2.975$，因此，$F-statistic > F_{0.05}(3, 26) = 2.975$。

第二，经济增长率、城镇化率和财政支农资金增长率 3 个解释变量均通过相应水平（$\alpha = 0.05$）显著性假说检验，而农民受教育程度对人均纯收入的增长不具有解释力，其中，城镇化率和财政支农资金增长率均通过 $\alpha = 0.01$ 的显著性假设检验，表明这 3 个解释变量对农民人均纯收入的增长解释力较强。

（1）$\beta_1 = 0.3759$，表明在城镇化率和财政支农资金支出增长率保持不变的前提下，若经济增长率每提高 1%，则农村居民人均纯收入相应增长 0.3759%。

（2）$\beta_2 = 0.1966$，表明在经济增长率和财政支农资金增长率保持不变的前提下，若城镇化水平每提高 1%，则农村居民人均纯收入相应增长 0.1966%。

（3）$\beta_3 = 0.0497$，表明在经济增长率和城镇化率保持不变的前提下，若财政支农支出资金总量每增长 1%，则农村居民人均纯收入相应增长 0.0497%。

因此，在 3 个不同的解释变量中，经济增长率对农村居民人均纯收入增长的贡献份额最大。

（4）$\beta_4 = 0$，表明农民受教育程度对农民人均纯收入增长没有显著的解释力。据不完全统计，2015 年底全国农民工总人数达 2.74 亿人，其中外出农民工达 1.68 亿人，外出农民工月平均收入为 2864 元（杨志明，2015）。目前我国农民工就业领域主要集中在城市建筑工地、城市环境卫生和保洁、城市绿化美化、城镇居民家庭装修、货物运输、集贸市场、餐饮等服务性领域和场所；即便也有众多农民工在广泛分布中小型、劳动力密集型的制造业企业工作，他们所从事的工作基本是以简单的加工和组装环节为主。这些生产和服务就业领域所涉及的专业性技术含量水平不高，主要以繁重的体力劳动为主，通常对农民工的学历水平和专业技能不需要作过高的要求。因此，农民工受教育水平与其人均纯收入增长之间没有存在显著的相关关系，这一现象自然也容易得到解释（见表 6－10）。

表 6－10　研究假说检验结果

假说代号	假说陈述	实证结果
H1	经济增长与农民人均纯收入增长之间存在着正相关关系	支持
H2	城镇化发展水平与农民人均纯收入增长之间存在着正相关关系	支持
H3	财政支农资金增长与农民人均纯收入增长之间存在着正相关关系	支持
H4	农民受教育水平与农民人均纯收入增长之间存在着正相关关系	不支持

第三，在上述条件保持不变的前提下，若从时期的角度来看，从 2008～2014 年间，北京、上海、天津和广州 4 市农村居民人均纯收入增长速度最快的为 2010 年（2010－C＝0.7692），其次为 2013 年（2013－C＝0.6832），而农村居民人均纯收入增长速度最慢的年份为 2009 年（2009－C＝－1.2964）。究其原因：

（1）2008 年美国次贷危机全面爆发，经济危机的不利影响迅速从美国扩散到全世界，中国经济增长也遭遇不同程度的影响，尤其是外向型经济发展受到较大的负面冲击，许多中小型且缺乏自主品牌的企业面临着产品销售的困难，有的企业甚至出现破产倒闭，这自然也影响到农民工就业以及农民工务工收入的持续增长。另据统计，自 20 世纪 90 年代初以来，我国农民工呈现出逐年递增的态势，2008 年中国农民工总数约 2.38 亿人，其中跨省就业农民工 7140 万人，东部地区是这次危机最严重的地区，制造业、房产业和建筑业等行业成为受全球金融危机影响最严重的行业，如果把这些受金融危机影响较明显的行业的农民工数量加起来，其总量大约有 1.37 亿人（张车伟，王智勇，2009）。因此，当美国金融危机发生后，其不利影响波及到全球范围内，中国也不可能独善其身，国内其相关行业遭遇到不同程度的负面影响，从而影响到农民工在非农生产领域的就业和收入持续增长。

（2）为了正确应对美国次贷危机可能对我国经济发展造成的不利影响，从 2009 年开始，我国中央政府实施一系列积极的财政政策和相对宽松的货币政策，大力投资建设高速公路和高速铁路，兴建机场，整治大江大河以及启动房产投资，等等。伴随大量基础设施建设投资，农民工获得的就业机会增多，因此，农民工收入经过 2009 年短暂停滞不前后又迈上快速增长的通道，从而促进了农户家庭现金收入的持续增长。

（3）历经 2009～2012 年持续扩张的财政政策作用下，虽然我国经济增长保持相对较快的增长速度，但与此相伴的是生态环境进一步恶化以及经济增长不可持续性的矛盾进一步凸显，尤其是欧洲债务危机对我国经济增长的不利影响进一步加深。为此，党的十八大胜利召开后，党中央提出我国经济进入了新常态的重要论断，经济增长逐步由数量型向质量型转变，其中，经济增长速度放缓，经济增长由过去的要素驱动逐步向创新驱动转变，因此，农民收入增长速度也呈现出同步下降的变化趋势，2013 年农村居民家庭人均纯收入增长速度呈现出下降的趋势。

第 7 章

促进农户家庭现金收入增长的国内外经验考证

由于经历了较长时间的资本主义工业化发展阶段，现如今，美国、欧盟和日本等发达国家几乎不存在农民收入增长的问题，甚至绝大多数农场主的收入已超过城市大部分居民的收入。但研究历史却发现，美国、欧盟和日本等国在其工业化早期阶段，仍然出现过与我国目前相类似的情况。

7.1 美国、欧盟和日本促进农民收入增长的主要做法

7.1.1 美国的主要做法

1860 年美国历史上第一次农产品过剩危机爆发和 20 世纪 80 年代美国农产品长期过剩，都不同程度地导致了农民收入锐减。为解决此问题，美国政府采取了多种方法，如在国内实现休耕制度、销毁部分农产品，削减农产品供应量或发放食品券来扩大内需等。2002 年美国颁布了《农业安全与农村投资法》（The Farm Security of Rural Investment Act of 2002），此法案在 1996 年农业基础上增加了对农业投资和补贴，其政策目标仍是增加和稳定农场主收入。综观历史，美国对发展农业和促进农民收入增长的主要做法有：

一是发展有竞争力的农业产业体系，为农民收入增长搭建起有竞争力的产业体系。农业产业体系是在农户家庭经营基础上产生的，农户家庭经营为产业体系的平稳运行、化解风险做出自己的贡献。与此同时，产业体系以它的市场开拓、科技进步和大范围的配置资源，又促使农户的分工分业，使生产要素向有优势农户的转移，实现专业化、集约化生产，加速了农户之间的兼并与重

组。据统计，1940年美国有农场635万个，到1994年减少到204万个，与此对应的是农场平均规模上升至475英亩。伴随农场经营规模的进一步扩大，增强了农户的产业竞争力，提高了农户的收入；同时也使那些不适于现代化农业经营的农户重新定位，转换职业，逐步进入城市就业，自然而然地完成了农业劳动力向第二、第三产业的转移。现在美国农业人口占总人口的比例已由1910年32%下降到目前不足1.8%（农业部，2001）。这不但使产业本身运行有序，而且靠其竞争力，开拓了更广阔的市场空间。

二是促进农户专业化水平提升，营造农民增长的基础保障。发达的农业产业体系首先是专业化的，专业化是一体化的基础。在美国这样市场经济高度发达、竞争极其激烈的国家，企业发展战略的核心是竞争力，而培育竞争力则是靠专业化分工。据农业部在美国所做的实地调查，获悉美国棉花农场专业化的比例为76.9%，大田作物农场为81.1%，果树农场为96.3%，牛肉农场为7.9%，奶牛农场为84.2%；与此同时，一体化经营在美国的比重较小，约占整个农业生产量的10%左右（农业部，2001）。美国很多优势企业的成长壮大，都是紧紧围绕着该企业的专长，即核心竞争力展开的。

三是进一步提升农民组织化程度，让农户分享农业生产经营和流通的收益。美国农业合作社同日本的农协一样对保证农民收入增长起了很大的作用。美国农业合作社从20世纪初产生以来，一直发挥着重大作用，而且经久不衰，潜力巨大。美国农业合作社在过去的产业体系发展中，确实起了增加交易量、减少交易成本、提高农户谈判地位等作用。美国参与农业合作社的农户绝大部分不是自给自足的小农，而是主要从事商品生产的专业农户。从经济角度讲，这样的农户有内在的合作要求，所以美国的农业合作社不用行政推动，就能沿着经济的轨道运行。就其制度而言，合作社是农场主自愿参加的非营利组织，其经营目标是通过为社员服务，使社员从其生产的农产品中获取最大收益，目前美国有各种农业合作社25000个，参加合作社的农民有440万人，约占农业人口的90%，合作社销售的农产品占销售量的1/3，为农场提供的各种投入物近1/3（农业部，2001）。

7.1.2 欧盟的主要做法

欧共体在1962年制定并实施了共同农业政策，其目标是提高农业生产率，促进农业发展；提高农业生产者收入，提高农民生活水平；稳定市场，保证消费者有充裕的食品供应。为了实现这些目标，欧共体实施的农业政策包括：取消成员国之间的关税和非关税障碍，保证农产品在共同体内部自由流通；实行统一的价格支持和干预制度；统一边境政策；农业结构政策。自 1992 年欧共体建立并实施欧盟共同农业政策（CAP）以来，共同农业政策在促进农民收入增长方面起到了一定的功效。欧盟国家从 1966 年起陆续出台的共同农业政策，主要内容包括：（1）建立统一的农产品市场；（2）建立对外统一的农产品关税壁垒和对内统一的农产品价格体系；（3）共同农业政策的其他做法，如出口补贴制度、出口配额制度、对外保护制度、直接补助制度和落后地区补贴。共同农业政策的目的是：（1）提高农民的生产能力；（2）使生产者有小康的生活水平；（3）稳定市场；（4）食物保障；（5）合理的零售价格。实践证明，共同农业政策对促进欧洲农业发展、稳定农产品市场和欧洲经济一体化建设做出了重要贡献。共同农业政策在很短的时间内取得了巨大的成功，从 20 世纪 70～80 年代，共同体成员国的农业产量大增，粮食、牛奶、牛肉和葡萄酒不仅自给，而且有余。到 20 世纪 90 年代初，欧盟务农人数减少了一半，仅为 700 万人，农业产量却提高了 3 倍，粮食产量从 1960 年市场需求的 80% 增长到 120%。

这些措施促进了农业发展，但也引致了农产品过剩和财政负担沉重等问题。为此，1992 年欧盟进行了农业政策改革，其目标是实现生产与消费、供给与需求的平衡。为此采取的农业政策包括：降低农产品支持价格，使内部和世界市场价格更为接近；实行直接补贴政策；生产结构调整计划；对受冲击的农户提供财政补贴。在 1992 年政策的基础上，2002 年欧盟对农业政策又进行了调整，其主要目标是：增强欧盟农业在国际市场的竞争力，保证食品安全和质量，保护和稳定农业生产者收入，为农业生产者创造增收和选择就业机会。这次改革特别强调了农业的多功能性和可持续性，强调了农业政策由支持生产向支持农村发展的转化。具体政策包括：

（1）削减农产品价格支持水平，例如：2000～2001 年谷物干预价格降低。价格下调损失的 50% 通过直接支付方式给予补贴；2000～2002 年，牛肉干预价格下降 20%，价格下调损失的 85% 通过直接支付方式给予补贴。

（2）继续实施直接收入补贴。为了补偿农场主因价格支持水平下降而导致的损失，欧盟将与产量挂钩的价格补贴改为与面积挂钩的直接收入补贴，面积补贴具体分为作物面积支付和休耕面积补贴。对畜牧业补贴也将与产量挂钩的价格补贴改为与饲料面积挂钩的直接收入补贴。

（3）促进农村发展的公共政策。政策包括：政府对农民投资现代化农场，按照投资比例给予补贴及贴息贷款，对农业生产者及职业转换者进行职业培训；对创办农业合作社政府给予投资补贴并免征利润税、营业税和地产税等，这些政策的目标是促进农村地区经济发展，创造就业机会和增收渠道，实现农村经济社会持续发展。

自进入21世纪以来，伴随成员数量的持续增长，欧盟共同农业政策面临着诸多挑战：（1）预算负担不堪重负；（2）环境保护和食品安全压力；（3）内部利益分配不公；（4）欧盟成员数量扩容的压力；（5）世界农产品贸易自由化的挑战。针对上述困境，欧盟阶段性农业共同政策正经历各项改革，出台农业共同政策，降低关税，消除农业保护壁垒；对生产实施统一的补贴政策，鼓励生产者；提高对青年农民、小农户、山区及延长产业链等方面的支持程度。

7.1.3　日本的主要做法

日本农业是典型的小农制，户均耕地面积1.47公顷，农业经营以分散、细小的农户为单位。日本经过第二次世界大战后几十年的快速发展，实现了农业现代化，这得益于日本别具特色的农村合作经济组织——日本农协的有效运作。农协作为代表农民利益的流通中介，支撑着日本现代农业的发展。日本农协被公认为是世界上最成功的农村合作经济组织形式之一。日本农协于1900年颁布《产业组合法》。农协颁布《产业组合法》，通过农协经营活动产生的利润、农协合作保险经营利润、农协合作加工业利益等诸多方面获取利润，并且按照农户提供加工原材料的数量进行返还。这样多渠道返补农民，不仅提高了农民收益，提高了农户的生产积极性，而且有效地提高了农业生产的抗风险能力和产品在国际市场上的竞争能力，确保农户利益同步增长。具体政策措施包括：

（1）价格支持政策。例如：管制价格政策，即对粮食购销及其价格进行政府管制，收购价格根据生产成本加收入补偿来确定；最低保护价制度，当土豆、甘薯、甜菜、甘鹿和各种麦类市场价格低于规定的最低限度时，产品全部由政府按规定的最低价格买入。此外，价格支持还包括价格稳定带制度、价格差额补贴、价格平准基金制度等。

（2）财政支持政策。例如：农田水利建设补贴，中央政府直接投资建设大型水利工程，并对土地改良、农地开发、水田改作等提供补贴。农民联合购置农业生产、加工、储存、灌溉、施肥等机械，农民联合建设温室、大棚、养殖场等，农民联合栽培多年生植物、果园、茶园、桑园等均可获得政府补贴。政府还将加强农技推广等放在重要位置，并从财政支出中给予支持。

（3）信贷支持政策。为吸收各银行的资金投入农业，政府给予银行债务担保，减少银行投资农业的风险，同时，政府对农民贷款给予利息补贴、损失补贴和债务担保。这些贷款支持政策适用范围较广，包括农林牧渔业贷款、农业改良贷款、农业现代化贷款等。

（4）支持农业协会发展。按照年的农协法，农协不缴纳所得税、营业税、营业收入税，农协在建设仓库、增加固定设施以及进行固定资产投资等方面，可得到大量的政府补贴。

1994 年之后日本农业政策出现了从价格支持向收入支持的转变，例如：当年实施的《主要粮食供需与价格稳定法》，这标志着日本确立了以民间流通为主、实行间接管制的粮食流通新体制。同时，为了稳定和增加农民收入，政府出台了“稻作安定经营对策”，即农户和政府共同出资建立基金，对农产品价格下降而导致的农户损失进行补贴。年日本政府颁布了《食物、农业和农村基本法》，此法案的基点是：在宗旨上更加强调从国民利益出发，保证食物供给，发挥农业的多功能性；在粮食政策上明确了粮食自给率目标、非常时期粮食安全保障措施和以消费者为主体的粮食政策；在农业支持上致力于创造理想的农业结构和经营模式，鼓励法人形态的有限责任公司参与农业经营，确认市场对产品价值的真实评价，强调维护和增进农业的自然循环功能；在农村建设上强调改善农村整体环境，建设环境优美和富裕的农村。

7.2 印度的做法

在全球化历史发展进程中，印度选择了与中国不同的发展路径。印度没有大规模发展出口导向的劳动密集、资源密集产业，而是利用本国的智力资源和金融资源发展信息、服务等高端产业，并逐步向农业和传统工业部门渗透。由于对传统产业和农业、农村的忽视，印度迄今仍然是以农民为主体的国家，城乡发展不平衡，农业落后，农村贫困严重。目前，印度仍有超过 70% 的人口生活在农村，人均耕地 2. 25 亩。目前印度共的贫困人口 3. 2 亿人，其中农村贫困人口 2. 21 亿人，农村贫困率高达 28. 3% （杜文，刘长全，2011）。自独立以来，印度经济改革与农业、农村经济发展可分为三个阶段：1947 ~ 1991 年改革前阶段、1991 ~ 2004 年的市场化改革阶段、2004 年以来的辛格政府改革阶段。政府通过短期救助和长期发展相衔接，通过关注资本积累、设施改善和技能提升，逐步增强农村弱势劳动者的自我发展能力，实现长期可持续发展。其具体措施包括：（1）建立土地私人所有制，为农业资本主义在印度发展奠定了基础；（2）提高农业技术和引进高产品种为特点的“绿色革命”，最大限度地减少农药和化肥的过度使用，确保土壤和地下水不被过度利用与开发；（3）政府建立食品公共分配系统（PDS），专门向低收入居民提供基本生活保障的零售商业系统；（4）缓解农村贫困计划，发展乡村工业和小工业长期经济发展战略；（5）完善社会保障，通过粮食分配、就业促进来缓解贫困、加大对农民的保护；（6）跨国公司帮印度农民致富，如沃尔玛为当地的 140 家商店供货，公司计划将目前拥有 800 个农民的小型供货网络发展成可靠的高效供应链，到 2015 年底吸收 3.5 万农民加入（王军，2005）。印度政府每一个五年计划都为解决农村问题、落后阶段划出一定的财政，建立许多专项资金用于农村开发（如表 7 - 1。）。

表 7 - 1　印度政府第九个五年计划用于农村公共投资支出情况

项目	1990 ~ 1991 年	1994 ~ 1995 年	1995 ~ 1996 年	1996 ~ 1997 年	1997 ~ 1998 年
用于农村发展总资金	2975	7320	8248	7775	8290
A）awahar 就业计划（JRY）	2001	3535	2955	1655	1953
B）就业保障计划（EAS）	—	1140	1816	1840	1905
C）社会援助国家工程	—	—	550	550	490
D）农村发展综合计划	356	675	656	646	552
E）农村供水和环境卫生	421	870	1170	1155	1402
F）英迪拉之声计划	—	—	492	1194	1144
G）百万水井计划		—	211	388	373

资料来源：摘自印度第九个五年计划。

7.3　国外促进农民收入增长政策对我国的几点启示

7.3.1　财政支农是市场经济条件下国家宏观调控的重要组成部分

农业是我国国民经济的基础。作为发展中的农业大国，我国现阶段农业生产的现代化程度较低，农产品竞争力不强，财政支农支出占财政总支出的比重小且呈下降趋势，为应对农业全球化竞争的挑战，我国财政支农支出的力度应加大。

7.3.2　财政支农政策实施应与国家宏观政策环境相适应

财政支农政策的实施一定要与当时的宏观经济环境相适应，特别是要与国家的金融政策相匹配。例如，欧共体成员国希望通过约束农产品价格来减少农业财政支出的负担，但由于期间欧共体成员国的货币贬值，使得这些国家的农产品价格上涨，名义上的价格约束被抵消，预期减少财政支出的目标并未取得理想效果。因此，要因时制宜的制定农业政策。

7.3.3　采用灵活多样的财政资金支农支出的具体方式

要不断调整对农业支持方式不断调整，重点包括加强农业基础设施建设，对农村基本建设工程给予补贴；对农民购买生产资料，特别是购买农机具给予补贴；加强农业环保、教育、就业培训；支持农业科技进步和农业社会化服务体系建设；促进农业多元化经营等。

第 8 章

结论与政策建议

8.1 主要结论

第一，广州市农村居民家庭人均纯收入结构变化显著，家庭经营收入增长幅度相对缓慢，而转移性收入和财产性收入却保持较大幅度的增长趋势。结合 2009 ~2014 年调查统计数据，在构成广州市样本农户家庭人均纯收入结构 4 项因素中，其中，转移性收入年平均增长幅度最高，达 23. 27%；其次为财产性收入，年均增长幅度为 22. 28%；增长幅度最低的为家庭经营收入，年均增长幅度仅为 8. 46%。由此可以预计，伴随广州市经济社会快速发展以及贯彻落实城乡一体化发展战略的持续推进，转移性收入和财产性必将在广州市未来农村居民家庭人均纯收入增长中保持较大幅度的增长趋势。

第二，广州市农村居民家庭人均纯收入构成比重正逐步发生，家庭经营收入占比呈现出小幅下降趋势，而财产性收入转移性收入占比逐年提升。结合 2009 ~2014 年调统计查数据可知，在构成广州市样本农户家庭人均纯收入结构 4 项因素中，其中，家庭经营收入在人均总收入结构中表现出较大幅度振幅变化，但年平均比例仍然高达 56. 52%，并且随着时间的推移将会进一步呈现出持续下降的趋势；其次为工资性收入，年平均比例值达 34. 09%，呈现出稳定的增长趋势；而财产性收入和转移性收入在农村居民家庭人均纯收入结构所占比例均表现出较大幅度的增长，并且所占比例将继续保持稳定的上升趋势。

第三，广州市 7 个区农户家庭人均现金总量和增长率呈现出不同的增长变化态势。2014 年广州市 7 个区上半年农户家庭人均现金收入总量最高为花都区，人均现金收入达 24298. 5 元，最低的为从化市，人均现金收入仅为 7465. 6

元，花都区为从化同期的 3.25 倍，两区农村居民人均现金收入相差 16832.9 元；农户家庭人均现金收入排名第二名、第三名的区分别为南沙（23820.6 元）和番禺（16712.8 元）。若从农户家庭人均现金收入增长幅度（2009 ~ 2014 年）来看，人均现金收入年平均增长率最高的为增城区，年平均增长率为 16.71%，其次为从化区，年平均增长率为 15.08%，而年平均增长率最低的却是番禺区，年平均增长率仅为 3.45%。

第四，广州市 7 个区农户家庭现金收入结构增长呈现出较大的差异性。2009 ~ 2014 年间 7 个区农户家庭经营性收入增长幅度最高的为花都区，年平均增长率为 11.25%，其次为南沙区，年平均增长率为 10.22%；萝岗区则出现了较大幅度的下降，年平均下降率为 13.59%。农户家庭工资性收入增长最快为萝岗区，年平均增长率为 35.82%；其次为番禺区，年平均增长率为 28.02%；增长幅度最低的为增城区，年平均增长率仅为 13.12%。农户家庭财产性收入增长幅度最高的为增城区，年平均增长率达 50.29%，其次为萝岗区，年平均增长率为 29.24，年平均增长率最低的为从化市，年平均下降 2.1%。农户家庭转移性收入增长幅度为高的为花都市，年平均增长率为 44.32%；其次为从化市，年平均增长率为 38.92%；而转移性收入增长最缓慢的为增城市，年平均增长率为 12.54%。

第五，以北京、上海、天津和广州 4 市 2008 ~ 2014 年农村居民家庭人均纯收入为被解释，以经济增长率、城镇化率、财政支农资金支出增长率和农民受教育水平为解释变量构建的面板数据模型中，各解释变量呈现出不同的解释力。计量结果显示出：经济增长率、城镇化率和财政支农资金增长率 3 个解释变量均通过相应水平（$\alpha = 0.05$）的显著性统计假设检验，在 3 个不同的解释变量中，其中，经济增长率对农村居民人均纯收入增长的贡献份额最大，而农民受教育程度对人均纯收入的增长却不具有解释力。（1）$\beta_1 = 0.3759$，表明在城镇化率和财政支农资金支出增长率保持不变的前提下，若经济增长率每提高 1%，则农村居民人均纯收入相应增长 0.3759%；（2）$\beta_2 = 0.1966$，表明在经济增长率和财政支农资金增长率保持不变的前提下，若城镇化水平每提高 1%，则农村居民人均纯收入相应增长 0.1966%；（3）$\beta_3 = 0.0497$，表明在经济增长率和城镇化率保持不变的前提下，若财政支农支出资金总量每增长 1%，则农村居民人均纯收入相应增长 0.0497%；（4）$\beta_4 = 0$，表明农民受教育水平对农民人均纯收入增长没有显著的解释力。

8.2 政策建议

为了更好地促进广州市农村居民家庭人均纯收入和农户家庭现金收入持续快速增长，必须做好以下几方面工作。

第一，加快经济发展这根主线不动摇，为广大农民群众创造更多的就业机会。国内外无数的发展经验都证明这一点，只有实现国家经济可持续发展，才有可能为各类不同群体的农民创造出更多的就业机会，从而提高工资性收入在农户人均总收入的比重。

第二，加大对农村基础设施建设投资力度，提高农业综合生产能力。加大对农村基础设施建设的同时，不仅可以为当地农民工提供临时就业的机会，同时，还可以提高农业综合生产能力，增强农业抵御自然灾害的能力，确保家庭生产经营收入在总收入中保持相对稳定的增长态势。

第三，加快推进新型城镇化建设进程，努力缩小城乡二元经济发展的差别。积极遵照国家制定的新型城镇化发展战略目标，结合上海浦东、江苏苏州等地的成功经验，努力探索不以牺牲农业和粮食、生态和环境为代价，着眼农民又涵盖农村，实现广州城乡基础设施一体化和公共服务均等化，促进广州经济社会发展，实现共同富裕的新型城镇化发展路径，在逐步缩小城乡二元发展差距的同时，充分发挥各类生产要素的聚集效应，确保农村居民家庭人均纯收入稳定和可持续增长。

第四，加强对农村居民相关职业技能的培训工作，不断增强农民工参与市场竞争的能力。各级地方政府应针对当地农民工愿望和市场需求前景开展对口对路的培训，注重实用性；应根据群众意愿，不断改进培训方法，将技能讲解与现场实习操有机结合起来，举办一些短平快的小型化、个性化培训，使农民工真正学以致用。此外，注重加强对农民工创新创业等方面专业知识和业务技能的培训，努力提高农民工各项就业的技能，不断提高农民工参与市场竞争的能力，最大限度地帮助农民工获取工资性收入。

第五，进一步发展壮大农村集体经济，为农村居民收入增长提供组织保障。在借鉴原有农村集体经济发展成功经验的基础上，在新历史时期不断探索农村集体经济发展的新模式。加快对以物业、标准厂房和农贸市场出租为代表的传统租赁经济的改革，在提升物业档次的同时，力争以多种模式参与市场经营，努力壮大农村集体经济，为村民人均纯收入的增长提供强有力的组织保障。

第六，进一步完善各项配套制度建设，充分发挥各类生产要素在农村居民家庭人均纯收入增长中的贡献份额。积极鼓励和支持农地承包经营权流转，扩大农地经营规模；允许农村集体经营性建设用地出让、租赁、入股，实行与国有用地同等入市、同权同价；进一步探索农村宅基地可用于抵押、贷款等融资事宜，缓解农村居民家庭生产经营中资金短缺的现实困难，充分发挥各类生产要素在农户家庭收入增长中的贡献份额。

第七，积极引导农民拓展农产品销售网络，鼓励农民通过互联网寻找国内外销售市场。农民本身没有充足的时间和精力寻找国内外的市场，而且受制于文化素质不高、经营规模偏小的原因，很难与国内外大客户展开面对面的平等交易。但是，农民却可以通过电商网络平台寻找国内外客户，并通过互联网与种类客户完成各项交易，这样不仅能够节省各项交易费用，而且还能拓宽农产品营销网络，获得稳定的大单客户，保证农民生产的各类农产品能够及时找到可靠的买家，确保农民生产性收入在总收入结构中保持相对平稳的增长态势。

第八，充分利用广州市特大城市的区位优势，兴办各类休闲农业。广州市是一线城市，也是国际性大都市，不仅需要广州市农民提供各类丰富的农产品，而且，随着大城市平时繁忙、紧张的工作和生活节奏，促使广州的都市人日益向往自然、休闲、返朴归山的田园生活。因此，为了拓宽农民非农收入的渠道，广州市要充分利用这一趋势特点，积极引导农民开展各类非农生产，最大可能地为都市人员提供各类能够满足田园消费、观赏、休闲于一体的场所，努力提升农民非农就业渠道和工资性收入比重。当前，有不少农村利用当地自然景观兴办了各具地方特色的田园生态农庄就是很好的例子。

第 9 章

研究展望

9.1 研究不足

第一，本书主要结合 2009 ~ 2014 年对广州市 7 个区（市）上半年农户家庭现金收入的调查，缺乏农户家庭全年现金收入的完整数据，而对农户家庭全年现金收入采用估算的方法测算，估算的结果可能与真实值或多或少存在着一些差异，在数据准确性存在一定的不足。

第二，从统计核算的角度看，近年来，针对农户家庭现金收入相关概念变化较大，有“现金收入”“可支配收入”和“纯收入”等多个不同概念，各概念所界定的内涵存在一定的差异性，用“纯收入”替代“现金收入”的核算结果可能存在一些误差。

第三，由于广州市农村居民家庭现金收入只有 6 年统计数据（2009 ~ 2014 年），因此，无法建立影响广州市农村居民家庭现金收入增长的计量模型；此外，虽然调查样本多达 440 户左右，但缺乏 7 个区的相关经济增长率、城镇化率、财政支农资金增长率和农民受教育程度等宏观经济指标，因此，无法构建影响广州市农村居民家庭户均现金收入增长的面板数据模型。为此，本书结合北京、上海、天津和广州 4 市（2008 ~ 2014 年）的统计数据，构建分析影响农户家庭人均纯收入增长因素的面板数据模型，这种处理方式旨在增加解释变量的时序，而且各变量均用增长率来表示，其目的就是减缓因数据波动性可能带来的不利影响，确保面板数据的稳定性。然而，面板数据模型计量结果反映的是 4 市农村居民家庭人均纯收入增长的影响因素，缺乏针对广州市农村居民家庭现金收入增长和人均纯收入增长因素的计量分析。

9.2 研究展望

第一，加强对涉及广州市农村居民家庭现金收入总量和结构的数据调查力度，完善相关数据库的建设工作，为相关研究提供完整可信的数据支撑。

第二，加强对影响广州市农村居民家庭人均纯收入增长因素面板模型的研制，构建更加符合客观现实的面板数据模型，确保计量结果更加富有科学性。

第三，加强对影响广州市农村居民家庭现金收入增长的计量模型的研制，为广州市政府在经济社会发展“新常态”下，制定更加有针对性的促进农村居民家庭现金收入增长的政策措施。

参 考 文 献

[1] 白菊红、袁飞. 农民收入水平与农村人力资本关系分析 [J]. 农业技术经济，2003 (1): 16 - 18.

[2] 白仲林. 面板数据的计量经济分析 [M]. 南开大学出版社，2009 年第 2 版.

[3] 曹昆. 中国农民收入微观计量分析及与区域经济增长关联研究 [D]. 西南交通大学博士论文，2012 (5): 2.

[4] 常明明. 20 世纪 50 年代前期农户收支结构研究 [J]. 当代中国史研究，2014 (3): 94 - 101.

[5] 陈吉元. 中国农业发展面临的问题与对策 [J]. 调研世界，1998 (2): 3 - 4.

[6] 陈林兴、黄祖辉. 中国省际农对居民收入趋同性分析 [J]. 中国农村经济，2014 (4): 20 - 31.

[7] 陈锡文. 农民增收是扩大内需的关键 [N]. 中国经济时报，2003 - 3 - 25.

[8] 陈锡文. 我国农业和农村经济的改革和发展 [J]. 经济社会体制比较，2001 (1): 1 - 3.

[9] 陈贤银. 教育对我国农民收入持续增长的影响研究 [J]. 农业技术经济，2004 (6): 52 - 56.

[10] 陈艳，王雅鹏. 国外农民收入增长的经验借鉴 [J]. 理论月刊，2002 (11): 60 - 61.

[11] 都阳. 中国贫困地区劳动供给研究 [M]. 华文出版社，2001.

[12] 杜文，刘长全. 全球化进程中的印度农业、农村改革与农民保护 [J]. 经济研究参考，2011 (51): 32 - 39.

[13] 杜旭宇. 农民权益的缺失及其保护 [J]. 农业经济问题，2003 (10): 10 - 13.

[14] 范小建等. 开辟农民增收新途径. 农村合作经济经营管理 [J]. 1999

(7)：3－6.

［15］郭正模．农民增收问题：理论分析与政策导向［J］．社会科学研究，2001（5）：24－29.

［16］赫希曼．退出、呼吁与忠诚［M］．北京：经济科学出版社，2001.

［17］［美］加里．S．贝克尔．人力资本［M］．中译本，北京大学出版社，1987.

［18］赖德胜．教育与收益分配［M］．北京师范大学出版社，2001.

［19］李文，李兴平，汪三贵．农产品价格变化对贫困地区农户收入的影响［J］．中国农村经济，2003（12）：18－21.

［20］李文．贫困地区农业结构调整对农民现金收入的影响［J］．中国农村经济，2006（4）：32－36.

［21］林毅夫．我国城市发展和农村现代化的几点意见［J］．安徽决策咨询，2001（8）：18－19.

［22］林毅夫．有关当前农村政策的几点意见［J］．农业经济问题，2003（6）：4－7.

［23］陆学艺．走出“城乡分治一国两策”的困境［J］．读书，2000（5）：3－8.

［24］罗建军．提高农民的组织化程度增加农民收入［J］．中国农业技术经济研究，2004年学术研讨会论文集，2005（7）：38－41.

［25］农业部访美代表团．培育有竞争力的农业产业体系——关于美国农业的观察与思考［J］．中国农村经济，2001（8）：72－80.

［26］农业部农村固定观察点办公室．农户收入结构变动分析［J］．中国农村观察，1997（6）：1－7.

［27］攀明．健康经济学一健康对劳动力市场表现的影响［M］．中国社会科学出版社，2002.

［28］祁永忠．我国农民增收问题研究［D］．山西财经大学学位论文，2009.

［29］［俄］恰亚诺夫著，萧正洪译．农民经济组织［M］．中央译文出版社，1996年版，第9页.

［30］尚启君．我国农业劳动力收入增长的阶段性变化原因分析［J］．农村经济，1998（5）：3－5.

［31］［日］速水佑次郎．拉．S．农业发展的国际分析［M］．北京：中国社会科学出版社，2000.

[32] 孙凤．消费者行为数量研究 [M]．上海人民出版社，上海三联书店，2011.

[33] 唐朱晶，吕彬彬．财政支农政策与农民收入增长：总量与结构分析 [J]．江淮论坛，2007 (2)：32 –35.

[34] 陶然，刘明兴，章奇．农民负担、政府管制与财政体制改革 [J]．经济研究，2003 (4)：3 –12.

[35] 万广华．中国农村区域间居民收入差异及其变化的实证分析 [J]．经济研究，1998 (5)：25 –33.

[36] 汪海洋，孟全省，亓红帅，唐柯．财政农业支出与农民收入增长关系 [J]．西北农林科技大学学报（社会科学版），2014 (1)：71 –79.

[37] 王军．跨国公司帮助印度农民致富 [J]．世界博览，2011 (13)：50 –51.

[38] 王乃学．调整农业组织结构——增加农民收入的根本出路 [N]．光明日报，2001 –2 –27.

[39] 王思明．农史研究的回顾与展望 [J]．中国农史，2004 (4)：32 –38.

[40] 王晓丹．印度贫困农民的状况及政府的努力 [J]．当代亚太，2001 (4)：59 –64.

[41] 王雅鹏，郭犹焕．有关农民收入问题的理论浅析 [J]．南方经济，2001 (5)：52 –56.

[42] 韦鸿．资源数量、制度环境与农民增收问题 [J]．农业技术经济，2003 (3)：10 –14.

[43] 吴晨．我国上市商业银行效率测试及影响因素分析 [J]．山西财经大学学报，2011 (11)：47 –54.

[44] 吴敬莲，林光彬．农村剩余劳动力转移与“三农问题” [J]．宏观经济研究，2002 (6)：6 –9.

[45] 吴启龙等．影响我国农民收入的因素分析和对策研究 [J]．内蒙古农业大学学报（社会科学版），2008 (4)：74 –75.

[46] [美] 西奥多·W. 舒尔茨著，梁小民译．改造传统农业 [M]．商务印书馆，1999 年版，第 34 页．

[47] [美] 西奥多．舒尔茨．对人进行投资——人口质量经济学 [M]．首都经济贸易大学出版，2002.

[48] 许经勇，任柏强．我国农民收入增幅下降的阶段性结构性原因 [J]．广东社会科学，2001 (1)：1 –7.

［49］严善平．市场经济体制下农户的收入决定与就业选择［J］．管理世界，2005（1）：59－68.

［50］阳俊雄．农业劳动力转移的新阶段及对农民收入增长的影响［J］．统计研究，2001（5）：47－51.

［51］杨志明.2015 年中国外出农民工 1.68 亿人，平均工资 2864 元［BE/OL］．中国商情网，http：//www.askci.com/news/2015/02/28/17461806t5.shtml.

［52］庚德昌．农户现金收入的调查与分析［J］．中国农村经济，1991（12）：45－49.

［53］［美］詹姆斯.C. 斯科特著．程立显，刘建等译．农民的道义经济学东南亚的反判与生存［M］．译林出版社，2001 年，第 50 页.

［54］张车伟．王智勇全球金融危机对农民工就业的冲击——影响分析与对策思考［J］．中国人口，2009（2）：16－25.

［55］张英红．宏观视野中的农民负担［J］．经济学家，2002（2）：25－32.

［56］张秋锦，张强等．农本论—当代中国农民问题思考［M］．北京：中国农业出版社，2008（3）.

［57］张晓山，崔红志．关键是调整国民收入分配格局［J］．农村经济问题，2001（6）：2－10.

［58］张晓山．提高农民的组奴化程度，积极推进农业产业化经［J］．农村合作经济经营管理，2003（2）：8－9.

［59］张忠法，李文．中国实施农业保护的基本理抢依据和政策特征［J］．经济研究，1996（1）：50.

［60］郑杭生，汪雁．农户经济理论再议［J］．学海，2005（3）：66－75.

［61］周其仁．农民收入增长的一组文章．北京大学经济研究中心内部讨论系列稿，2001.

［62］朱玲．非农产业活动对农户收入分配格局的影响［J］．经济研究，1991：23－30.

［63］Adelman I，Morris C，T. Economic Growth and Social Equity in Developing Countries［M］. Stanford California：Stanford University Press，1973：178－183.

［64］AHLUWALIA M S，CARTER N G，CHENERY H B. Growth and poverty in developing countries［J］. Journal of development economics，1979，6（3）：299－341.

［65］Ajbefun. 2000b. Use of Economic Models in Technical Efficiency analysis

[J]. An Application to the Nigerian Small Scale Farmers. Annual Conference on Transport Statistics and National Development, Held at Largos airport Hotel, Ikeja, Lagos, 29th November. Publication by Nigerian Statistical Assciation. Programme and Summary of Conference Papers, 2002.

[66] Ajibefun, Analysis of policy Issues in Technical Efficiency of small scale farmers using the stochastic frontier production: With application to Nigerian farmers. Paper prepared for presentation at the international farm management association congress, Wageningen, Netherland, July 2002.

[67] Amalu . Poverty alleviation and agriculture in sub – Saharan Africa: The Nigerian experience. Journal of Food, Agriculture and Environment, 2005, 3 (2): 230 –236.

[68] Andre, Rooyen and Sabine Homann – Kee Tui*. Promoting goat markets and technology development in semi – Arid Zimbawe for food security and income growth [J]. Tropical and Subtropical Agro-ecosystems , 2009 (11): 1 –5.

[69] Ater, A comparative analysis of productivity response and poverty alleviation among beneficiaries and non beneficiaries of world bank assisted dry season fadama enterprises in benue state Nigeria. Ph. D thesis, unpublished Makurdi: Federal University of Agriculture, 2003.

[70] Atkinson A B. On the Measurement of Inequality [J]. Journal of economic theory, 1970 (2): 244 –263.

[71] Barro, R. J & Lee. International Comparison of Educational Attainment [J]. Journal of Monetary Economics, 1993, 32 (3).

[72] Bigsten A, Shimeles A Prospect for pro-poor growth in Africa. Paper presented at the WIDER Conference on Inequality, Poverty and Human Well – Bering, Helsinki, Finland, 30 –31 May 2003.

[73] Chiraw EW 2005. Macroeconomic Policies and Poverty in Malawi: Can We Infer from Panel Data [J]. Research Report. NW Washington D. C: Global Development Network (GDD), 2005.

[74] Denison, E. F. Trend in American Economic growth, 1929 – 1982. Washington DC Brook in Institution, 1985.

[75] Fuchaka Waswa, Joseph P Gweyi – Onyango and Mwamburi Mcharo. Contract sugarcane farming and farmers' incomes in the Lake Victoria basin, Kenya [J]. Journal of Applied Biosciences, 2012, 52: 3685 –3695.

[76] Heckman, Jarnes J. China's Investment in Human Capital, Economic Development and Cultural Change, 2003 (51).

[77] Klank, L. Improving the income of farmers and rural people [J]. Searching for common ground. European Union enlargement and agricultural policy, K. Hathaway and D. Hathaway (ed.), FAO, Rome, 1997.

[78] LEWIS W A. Economic Development with Unlimited Supply of Labor [J]. The Manchester school of Economic and Social Studies, 1954 (22): 139 -191.

[79] Lucks, R. E. On the Mechanics of Economic Development [J]. Journal of Moiety Economics, 1988 (22).

[80] Mineer, J. Schooling, Experience and Earnings, National Bureau of Economic Research, Chicago. University of Chicago Press, 1974.

[81] Norma D T. Economic analysis of agricultural production and labour utilization among the Hausa in the North of Nigeria [J]. Africa Rural Employment, 1975 (4): 5 -8.

[82] Romer, P. Increasing Returns and Long - Run Growth. Journal of Political Economy, 94. 2, 1986.

[83] Sawada Y, Estudillo JP 2006. Trade, Migration, and poverty reduction in the globalizing Economy: The case of the Philippines. Research paper No, 2006/58, United Nations University - World Institute for Development Economics Research.

[84] Schulz, T.. W. Institutions and the Rising Economic Value Of Man, American Journal of Agricultural Economics, 1968 (50).

[85] Simhon A, Fishman A Income distribution, search and market efficiency [J]. The Journal of Economic analysis and Policy, 2011, 11 (1): 301 -321.

[86] S. Popkin. The Rational Peasant: The Political Economy of Rural Society in Vietnam, Berkeley: University of California Press, 1979, p. 31.

[87] Tilak Jandhyala, B. G. Education and Its Relation to Economic Growth, Poverty and Income Distribution: Past Evidence and Further Analysis, World Bank Discussion Papers, 1989: 46.